Ben Roßner

Christlicher Glaube in der Mitarbeiterführung

Ben Roßner

Christlicher Glaube in der Mitarbeiterführung

Tectum Verlag

Ben Roßner

Christlicher Glaube in der Mitarbeiterführung

ISBN: 978-3-8288-3106-3

Umschlagabbildung: photocase.com © gregepperson
Druck und Bindung: CPI buchbücher.de, Birkach
Printed in Germany

Besuchen Sie uns im Internet
www.tectum-verlag.de

Bibliografische Informationen der Deutschen Nationalbibliothek
Die Deutsche Nationalbibliothek verzeichnet diese Publikation in der Deutschen Nationalbibliografie; detaillierte bibliografische Angaben sind im Internet über http://dnb.ddb.de abrufbar.

Inhalt

Abkürzungsverzeichnis

Anm. d. Verf.	Anmerkung des Verfassers
Aufl.	Auflage
bzw.	beziehungsweise
d. h.	das heißt
ebd.	Ebenda
et al.	et alii/ et aliae/ et alia; deutsch: und andere
etc.	et cetera; deutsch: und so weiter
f.	Folgende
ff.	fortfolgende
ggf.	gegebenenfalls
Hervorh. d. Verf.	Hervorhebung des Verfassers
Hervorh. i. Orig.	Hervorhebung im Original
S.	Seite
sog.	sogenannt
u. a.	unter anderem
Übers. d. Verf.	Übersetzung des Verfassers
Verf.	Verfasser
vgl.	vergleiche
z. B.	zum Beispiel

Danksagung

Vielen Dank an Frau Prof. Dr. Birgit Volmerg und Herrn Dr. Michael Schottmayer für Ihre engagierte Betreuung und Begutachtung dieser Diplomarbeit, an Herrn Prof. Dr. Helmut Reuter für Ihre begleitende Unterstützung, an die Führungskräfte, die sich auf diese Untersuchung eingelassen haben, an Luisa, Traute und Daniel für Eure hilfreichen Korrekturen, an die „Mensa-Crew“ für Euer Coaching, an Bernd und Uli für die Anmerkungen zu theologischen Fragen. Und danke an den lebendigen Gott, an den ich glaube und der mir immer wieder aus der Klemme geholfen hat.

Für Oma und Opa Richter
und meine Eltern

Vertrauen bleibt ein Wagnis.
(Niklas Luhmann)

1 Einleitung

Christen, die als Unternehmer tätig sind, stellen vielfach die Frage, was ihr Glaube für ihr Handeln im Wirtschaftskontext bedeuten kann. Beziehungen sind dabei einer der relevanten Gegenstände, die es im Führungskontext konstruktiv zu gestalten gilt. Mit Kunden, mit Geschäftspartnern oder mit eigenen Mitarbeitern müssen Beziehungen aufgebaut, gepflegt und beendet werden. Viele christliche Führungskräfte stehen damit auch vor der Frage, wie sie die Beziehung mit *christlichen* Mitarbeitern gestalten. Denn jenseits der formal betrieblichen und generell persönlichen Beziehungsebene kann sich noch eine weitere, eine religiöse Beziehungsebene, entwickeln. Diese kann die anderen Beziehungsebenen mit beeinflussen. Neben positiven Effekten könnten jedoch zugleich bestimmte Dynamiken innerer Verpflichtungen und Verwicklungen entstehen, wenn Christen mit anderen Christen zusammenarbeiten.

Bereits von Kindheit an stand der Autor mit dem Feld christlicher Kleinunternehmen und insbesondere Familienunternehmen in Kontakt. Im familiären Umfeld des Autors fand sich die Kombination von Christ, Kleinunternehmer und Handwerker. Aus diesem Kontakt erwuchs die Kenntnis darüber, dass Christen in der Rolle eines Unternehmers vor spezifischen ethischen Fragen stehen. Dieses Wissen spielte für das Interesse an diesem Themenfeld eine wichtige Rolle. Glaubensüberzeugungen und Erfordernisse eines Wirtschaftsbetriebes harmonieren nicht zwangsläufig. Handeln findet inmitten von Widersprüchen statt. Auch Vorgespräche mit verschiedenen anderen christlichen Führungskräften gaben dem Verfasser Anlass zu der Vermutung, dass christlicher Glauben bei unterschiedlichen Akteuren in Unternehmen nicht frei von besonderen Fragen und Konflikten ist. Einerseits bestehen Gefahren, beispielsweise im Unternehmen Ungerechtigkeiten zu schaffen. Darüber hinaus könnte christlicher Glauben subtil oder offen von verschiedenen Akteuren missbraucht werden, um ungerechtfertigte Forderungen aneinander zu stellen. Andererseits liegt aber auch Potenzial in der Gemeinsamkeit von Werthaltungen und Überzeugungen, die die Zusammenarbeit erleichtern könnten. Inwiefern kann dieses Potenzial, welches in gemeinsamen Glaubensüberzeugungen verborgen ist, konstruktiv genutzt werden? Inwiefern spielt christlicher Glaube für die Vertrauenswürdigkeit einer Person eine Rolle?

Für christliche Führungskräfte stellt sich gelegentlich diese Frage auch speziell als eine nach der Vertrauenswürdigkeit christlicher Mitarbeiter. Christliche Gebote wie das Dreifachgebot der Liebe (zu Gott, zum anderen und zu sich selbst) fordern zu einem Verhalten gemäß bestimmter ethischer Grundsätze auf. Beim Blick in die Literatur zum Thema „Vertrauen" fällt auf, dass biblische Aussagen inhaltlich mit den Vertrauenswürdigkeitskriterien korrespondieren - u. a. bei Mayer, Davis & Schoorman (1995). Beispielsweise kann „Benevolence" (Wohlwollen) in enger Beziehung zum christlichen Gebot der Nächsten- und Feindesliebe gesehen werden. *Inwiefern können Führungskräfte aber wirklich mit Auswirkungen des christlichen Glaubens auf das Arbeitsverhalten rechnen und inwiefern ist christlicher Glaube relevant? Inwiefern wirkt er vor- oder nachteilig im betrieblich- organisationalen Kontext?*

Einerseits verpflichten die Normen des christlichen Glaubens Mitarbeiter wie auch Vorgesetzte zu bestimmtem Verhalten anderen Menschen gegenüber. Dies legt nahe, dem Einfluss von Glaubensüberzeugungen besondere Beachtung zu schenken. Anderseits ist aber auch das Verhalten eines einzelnen Christen nicht sicher prognostizierbar. Christliche Ethik kennt verschiedene - auch teils widersprüchliche - Aussagen und ist Ergebnis von Schriftauslegung sowie kulturellen und individuellen Einflüssen. Zugleich ist die Frage nach der Vertrauenswürdigkeit christlicher Mitarbeiter ein Spezialfall der generellen Fragen, welchen Einfluss religiöse Wirklichkeiten im Unternehmen spielen dürfen und was eine Person als vertrauenswürdig auszeichnet.

Anlass, sich darüber hinaus mit der Frage der Vertrauenswürdigkeit von Mitarbeitern zu befassen, besteht reichlich. Auf stattliche 6,05 Milliarden Euro werden die Kosten geschätzt, welche deutschen Unternehmen im Jahr 2006 durch Wirtschaftskriminalität entstanden (PriceWaterhouseCoopers, 2007, S. 18). Laut der repräsentativen Opfer- und Dunkelfeldstudie von PriceWaterhouseCoopers kommen 46% der Täter dabei aus den Reihen des geschädigten Unternehmens selbst - oft langjährige, sozial angepasste, „normale" Mitarbeiter. 20 % der Täter gehören gar zum Senior- oder Topmanagement (ebd., S. 39). Die Schäden für einzelne Unternehmen können empfindliche Ausmaße erreichen. Man denke beispielsweise nur an den Umfang drohender Schadensersatzklagen gegen Bilfinger-Berger für den Einsturz des Kölner Stadtarchivs 2009. Dessen Ursache wird darin vermutet, dass Armierungsstahl von Mitarbeitern entwendet und an Schrotthändler verkauft wurde (FAZ, 2010). Für Unternehmen ist es damit eine überlebensnotwendige Herausforderung, verantwortungsvolle und sensible Aufgaben und Verantwortungsbereiche *vertrauenswürdigen* Mitarbeitern zu übertragen. Auch aktuelle Arbeitsgerichtsurteile - z. B. im sog. Maultaschenfall - weisen auf die Bedeutung von Vertrauen in der Arbeitgeber-Arbeitnehmer-Beziehung als Grundlage für ein Arbeitsverhältnis hin (Landesarbeitsgericht Lörrach, 2009). Bereits im Streit um kleinste Beträge erscheint genau dieses Vertrauen erschüttert zu sein: 3,35 Euro für eine Mahlzeit Maultaschen (ebd.), 0,00014 Euro für den elektrischen Strom beim Aufladen des Privathandys am Arbeitsplatz (Bönisch, 2009) oder 1,30 Euro für unterschlagene Kassenbons (Schaaf, 2009). Vertrauen und Vertrauenswürdigkeit von Mitarbeitern ist ein Thema.

Für Unternehmer und Führungskräfte ist es folglich wichtig, vertrauenswürdigen Mitarbeitern Verantwortung zu übertragen und in effektiver Weise Vertrauen und Misstrauen zu balancieren, eigenes Vertrauen zu managen. „‚Modernes Vertrauen' wäre also die Entscheidung für ein Mischungsverhältnis zwischen Vertrauen und Misstrauen, zwischen Kontrolle und Kontrollverzicht" (Sprenger, 2002, S. 77). „Vertrauen ist in der Führung zu einer Schlüsselkompetenz geworden", schreiben Picca & Spisak (2008, S. 102). Die Entwicklung von Führungskompetenzen ist eine der großen Herausforderungen, vor der sich viele Unternehmen der Gegenwart sehen (The Boston Consulting Group, 2008). Erfolgreicher Umgang mit Vertrauen ist dabei eine wichtige Kompetenz, denn „um Verantwortung zu delegieren, braucht es entsprechendes Können und zudem - Vertrauen" (Picca & Spisak, 2008, S. 102). Erfolgreicher Umgang mit Vertrauen ist die Voraussetzung für Delegationskompetenzen. Auch für die viel beschworene und in Stellenanforderungen häufig formulierte „Teamfähigkeit" dürfte die Bereitschaft und Fähigkeit zu sinnvoller Abgabe von Aufgaben und Verantwortung eine zentrale Kompetenz darstellen. Ganze Managementtheorien wie das Führen mit Zielvereinbarung (Management by objectives) bauen auf erfolgreichem Umgang mit Vertrauen auf (Steiger, 2008, S. 174).

Vertrauen ist nach Rousseau, Sitkin, Burt & Camerer *„ein psychologischer Zustand, welcher die Bereitschaft, verletzbar zu sein, einschließt. Diese gründet auf positiven Erwartungen bezüglich der Absichten im Verhalten anderer"* (nach Rousseau et al., 1998). Die Notwendigkeit, zu vertrauen oder zu misstrauen, stellt sich nach Luhmann (2000, S. 30ff.) insbesondere dort, wo Komplexität oder Umfang der eigenen Aufgabe die Einbindung anderer Menschen in eigenes Handeln erfordern. Demnach ist Vertrauen ein Mechanismus zur Reduktion sozialer Komplexität. Er wurzelt in der Handlungsfreiheit der anderen Person (ebd., S. 51). Diese Art der Reduktion sozialer Komplexität ist in einer Unternehmensumwelt, die zunehmend kooperative Arbeitsteilung erfordert, dringend nötig.

> So entstehen in Großorganisationen, in denen der offizielle Umfang der Verantwortlichkeit in höheren Positionen die Verant-

> wortungsfähigkeit (nämlich die Datenverarbeitungsfähigkeit) des einzelnen weit übersteigt, sehr bezeichnende persönliche Vertrauensbeziehungen zwischen Vorgesetzten und Untergebenen, [...] in denen die eine Seite aus der Überlast ihrer Verantwortlichkeit heraus persönliches Vertrauen schenken muß, das offiziell nicht eingestanden und zur Sprache gebracht werden kann, und die andere Seite dieses Vertrauen ergreift, seine Bedingungen und Grenzen erfühlt, es pflegt, es als Grundlage des eigenen Einflusses auf den Vertrauenden benutzt. (Luhmann, 2000, S. 82f.)

Für Luhmann (2000, S. 83) hat Führung demnach einen symbiotischen Charakter mit Nutzen und Risiko für alle Beteiligten. Deshalb besteht die Fragestellung der Vertrauenswürdigkeit nicht nur auch aus Sicht von Geführten in ihre Führungskräfte (z. B. Burke, Sims, Lazzara & Salas, 2007, S. 607), sondern auch aus der Sicht der Führungskräfte gegenüber ihren Untergebenen.

Aus wissenschaftlicher Perspektive gibt es zwar verschiedene soziologische (z. B. Weber, 1905/2009) oder theologische Arbeiten (z. B. Pawlas, 2000), die sich dem Themenfeld „Christlicher Glaube im Wirtschaftsleben" nähern. Sowohl in der Theologie als auch in der Soziologie wird dabei jedoch zumeist eine Makroperspektive eingenommen. Es ist aber ebenso notwendig, den Bezug von christlichem Glauben und individuellen Beziehungen empirisch zu untersuchen, um individuenbezogene Aussagen zu Vertrauensstrategien treffen zu können. Die Frage des persönlichen Vertrauens im Zusammenhang mit christlichem Glauben wurde nach Kenntnisstand des Verfassers bisher nicht wissenschaftlich im Wirtschaftskontext untersucht. Zur Schließung dieser Lücke soll diese Arbeit einen Beitrag leisten. Aus religionssozialpsychologischer Perspektive sollen daher mit Blick auf Führungskräfte folgende Fragen untersucht werden: *Welche Rolle spielt christlicher Glaube anderer für deren eigenes Vertrauen? Für wie relevant beurteilen christliche Führungskräfte den Glauben ihrer Mitarbeiter für ihr Vertrauenserleben? In welcher Weise erleben sie den christlichen Glauben bei ihren Mitarbeitern förderlich oder als hemmend für eigenes Vertrauen?* Dazu wurden erfahrene Führungskräfte befragt und ihre Aussagen auf offene und latente Muster hin untersucht. Als Beispiel wurden Geschäftsführer von Kleinunternehmen gewählt. Sie eignen sich besonders deshalb, weil sie oft zugleich leitende Führungskräfte und Eigentümer sind. Dies hat zur Folge, dass sie wirtschaftlicher Erfolg oder Misserfolg direkt selbst betreffen und sie zugleich maximale Gestaltungsmöglichkeiten für ihr Unternehmen im Rahmen der gesetzlichen und wirtschaftlichen Rahmenbedingungen besitzen. Wenn führungsunterstützende Strukturen fehlen (beispielsweise professionelle Personalauswahl mit standardisierter Eignungsdiagnostik), ist die Führungsbeziehung wesentlich auf deren persönliche, interpersonale Faktoren zurückgeworfen - unter anderem auf Vertrauenskompetenzen.

Nach einer genaueren Darstellung des Forschungsfeldes in Kapitel 2 wird in Kapitel 3 erörtert, was hier unter den Begriffen „Werte" und „Vertrauen" verstanden werden soll. Zudem wird kursorisch dargestellt, was als Kern christlichen Glaubens diskutiert wird, was Ethik ist und warum mit „christlichen Werten" automatisch der christliche Glauben als gesamtes Bezugssystem angesprochen wird. Zudem werden exemplarisch einige christliche normative Aussagen dargestellt, die in Bezug zu den Kriterien für Vertrauenswürdigkeit von Mayer et al. (1995, S. 716ff.) gesehen werden können. In Kapitel 4 werden mit dem interpretativen Forschungsparadigma die Herangehensweise an den Forschungsprozess beschrieben sowie die Datenerhebung mittels problemzentrierter Interviews und die Datenanalyse mittels der Kernsatzmethode beleuchtet. In Kapitel 5 finden sich die Ergebnisse der analytischen Arbeit aus den Interviews. Überblickartig wird dabei dargestellt, worüber gesprochen wird (Horizontalanalyse) - und exemplarisch, warum auf bestimmte Weise über diese Inhalte gesprochen wurde (Vertikalanalyse). Damit sollen latente Funktionszusammenhänge zwischen christlichem Glauben und dem Vertrauen beschrieben werden. In Kapitel 6 wird die Bedeutung der Erkenntnisse diskutiert. Dabei ist insbesondere dargestellt, wie die Anforderung an die eigene Integrität und die Anforderung an die Integrität der Mitarbeiter mit einem „christlichen Arbeitsethos" in Beziehung stehen. Zudem wird der Vorschlag von Leithäuser & Volmerg (1988, S. 131ff.) verfolgt, die eigene Verwobenheit in das Material zu reflektieren. Aus Gründen der besseren Lesbarkeit wurde auf eine durchgängige Nennung der männlichen und weiblichen Bezeichnungen verzichtet. Selbstverständlich beziehen sich alle Texte in gleicher Weise auf Männer und Frauen.

2 Die Führungsbeziehung als Forschungsfeld

Die Führungsbeziehung zwischen christlichen Führungskräften und ihren Mitarbeitern ist das Feld, auf welches sich die vorliegende Untersuchung bezieht. Laut offiziellen Angaben sind gegenwärtig 61,2 % der deutschen Bevölkerung Mitglied einer der beiden großen Kirchen in Deutschland (Statistisches Bundesamt, Statistisches Jahrbuch 2009, S. 68f.), etwa die Hälfte davon allein in der evangelischen Kirche. Damit dürfte auch ein umfangreicher Anteil der arbeitstätigen Menschen in Deutschland einen christlich-religiösen Hintergrund aufweisen. Aus forschungspraktischen Gründen beschränkt sich diese Arbeit zunächst auf den evangelischen, evangelikal geprägten Bereich.

In der Rolle selbstständiger Unternehmer, Angestellter oder gewerblicher Mitarbeiter etc. agieren Christen in den säkularen Kontexten des Wirtschaftslebens. Religiös geprägte Wertvorstellungen dürften dabei mit den Werten von Branchen- und Organisationskulturen nicht deckungsgleich sein. Dies trifft auch für das Führungsverhältnis zu, welches zwischen Führungskräften und ihren Mitarbeitern besteht. Unternehmer können zugleich die Rollen von Eigentümer, Geschäftsführer und Führungskraft einnehmen. In diesen Rollen haben auch Christen besonders große, aber nicht unbegrenzte Gestaltungsspielräume für ihr Führungshandeln. Auch sie müssen ökonomische und juristische Rahmenbedingungen ihres Handelns berücksichtigen. Dass die daraus entstehenden ethischen Konflikte für das Führungsverhalten keinesfalls trivial sind, zeigt die große Anzahl professionsbezogener christlicher Vereinigungen sowie deren Themenwahl. Für Führungskräfte ließen sich beispielsweise die Internationale Vereinigung christlicher Geschäftsleute (IVCG) oder Christen in der Wirtschaft (CiW) nennen. Letztere führen in ihrer Selbstdarstellung als ihre Themen unter anderem „Führungsprinzipien auf der Basis des christlichen Menschenbildes", „Mit Werten führen" und „Christliche Wirtschaftsethik" (Christen in der Wirtschaft, 2009) an. Die Frage, was es heißt, im Wirtschaftskontext *als Christ zu führen,* ist eng verknüpft mit der Frage, was es heißt, dort *Christen und Nichtchristen zu führen.* Beide zielen auf die Frage des Erlebens und Verhaltens bezüglich religiöser Wirklichkeit in Unternehmen.

Zwischen säkularem Umfeld und religiösen Wertvorstellungen kommt es zu Konflikten. Zugleich ist jedoch christliche Ethik kein in sich geschlossenes, einfaches System von Regeln und Normen. Sie existiert nicht jenseits wirtschaftlicher und sozialer Realität, sondern nimmt komplexe Fragen aus diesen Wirklichkeiten auf und setzt sich mit den daraus entstehenden Widersprüchlichkeiten auseinander. Damit müssen sich christliche Führungskräfte neben den Widersprüchen zwischen ihren christlichen Werten und wirtschaftlichem Umfeld auch mit religionsimmanenten, ethischen Antagonismen auseinandersetzen.

Unter vielen sozialen Feldern, welche sie als Unternehmer gestalten müssen, ist die Führungsbeziehung zu ihren Mitarbeitern dabei ein wichtiges Feld. Ihre Mitarbeiter können der christlichen oder anderen Weltanschauungen folgen. Ebenso wie christliche Unternehmer selbst, so befinden sich auch christliche Mitarbeiter in ethischen Spannungsfeldern. Diese betreffen religionsimmanente Widersprüche, aber auch solche zwischen religiös geprägten Werten und denen der Wirtschaftskultur oder eigenen Werten und der Organisationskultur. Sie arbeiten im säkularen Wirtschaftskontext mit Menschen verschiedenster religiöser und areligiöser Überzeugungen zusammen. Neben möglicherweise hohen Idealen beeinflussen weitere Faktoren ihr konkretes Verhalten.

Unternehmer, Geschäftsführer und Führungskräfte befinden sich trotz Machtgefälles gegenüber ihren Mitarbeitern im Zustand bestimmter Abhängigkeiten von deren Verhalten (Kellerman, 2008, S. 258), beispielsweise deren Verhalten gegenüber Kunden, deren Expertenkenntnisse oder Informationsvorsprünge. Christlicher Glaube bietet bestimmte normative Verhaltensaufforderungen - unabhängig davon, ob eine Person Mitarbeiter oder Führungskraft ist. Christliche Unternehmer als selbst Glaubende dürften diese kennen. Mitarbeiter können sich zum christlichen Glauben und seinen Werten bekennen. Dieser Faktor könnte Einfluss auf das Vertrauen ihrer Vorgesetzten haben. Die Führungsbeziehung zwischen christlichen Führungskräften und ihren Mitarbeitern ist damit das Feld dieser Forschungsarbeit. In ihm soll aus Sicht der Führungskräfte das Erleben von Vertrauen in Mitarbeiter und deren religiöse Überzeugungen beschrieben und nach Funktionszusammenhängen gesucht werden. Die spezifischen Eigenschaften des exemplarisch untersuchten Feldes sind im Methodenteil dargestellt.

3 Theoretischer Rahmen

Um die Führungsbeziehung zwischen christlichen Führungskräften und ihren Mitarbeitern wissenschaftlich zu untersuchen, sollen die Phänomene Vertrauen, Werte und Verhalten sowie christlicher Glaube zunächst theoretisch erhellt werden. Vertrauen steht mit Werten und Verhalten in Beziehung. Vertrauen ist zudem gekennzeichnet durch Bereitschaft zur Verletzbarkeit, Risiko und positive Erwartungen in das Gegenüber. Es hat die Funktion, soziale Komplexität zu reduzieren. „Christlicher Glaube" ist untrennbar mit (christlicher) Ethik verbunden und weist dadurch einen inhaltlich-theoretischen Bezug zu Fragen der Vertrauenswürdigkeit auf.

3.1 Werte, Verhalten und Vertrauen

Werte sind *Auffassungen von Wünschenswertem*, die explizit oder implizit vorliegen, einen Einzelnen oder eine Gruppe charakterisieren und die Auswahl der zur Verfügung stehenden Weisen, Mittel und Ziele des Handelns beeinflussen (Kluckhohn, 1962, S. 395). Auinger (2005, S. 72) beschreibt, dass sich Werte auf einem hohen Abstraktionsniveau bewegen und nicht gegenstandsbezogen sind. Sie beeinflussen jedoch das Erleben einer Situation als positiv oder negativ. Zudem haben sie Einfluss darauf, „ob man ein Ziel für erstrebenswert hält" (ebd., S. 72). Die Werte einer Person formen deren „persönliches Wollen" und damit auch ihre Motivation. Werte und Motivation stehen nach Auinger damit in unmittelbarer Verbindung.

Doch wie hängen Werte - seien sie nun christlich oder anders geprägt - und tatsächlich gezeigtes Verhalten und Vertrauen zusammen? Die Motivation, entsprechend gewünschter „Weisen, Mittel und Ziele des Handelns" zu agieren, führt nicht automatisch zur gewünschten Handlung. Silberer (1991, S. 91) beispielsweise stellt in einer Übersicht von Studien zu dem Thema nur „schwache bis mittlere" unmittelbare Zusammenhänge zwischen persönlichen Werten und Verhaltensvariablen fest. Er unterscheidet Modelle, die von „unmittelbaren" und „mittelbaren" Wirkungszusammenhängen ausgehen (ebd., S. 90; S. 97). Unmittelbare Modelle legen direkte Wirkung von Werten auf Verhalten zugrunde; mittelbare Modelle dagegen beziehen weitere Elemente mit ein. Rosenstiel (1993, S. 48ff; Comelli & Rosenstiel, 2009, S. 2ff.) entwickelte ein unmittelbares, sozialpsychologisches Modell. Es berücksichtigt neben dem individuellen Wollen (Motivation, Werte) den Einfluss weiterer Faktoren. Demnach wirken sich die Faktoren „persönliches

Können" (Fähigkeiten und Fertigkeiten), „situative Ermöglichung" (hemmende und begünstigende äußere Umstände) und „soziales Dürfen und Sollen" (Normen und Regelungen der Umgebung) ebenso auf das Verhalten aus. Es ist sicher nicht gewagt, zu behaupten, dass sich diese Einflussfaktoren auch auf den speziellen Fall christlicher Werte beziehen lassen. „Persönliches Können" - beispielsweise soziale Kompetenz - wird das konkrete Verhalten einer Person (Gestaltung der Interaktion) in einer sozialen Situation mit gestalten, unabhängig davon, ob diese bestimmte „christliche" oder anders geprägte Werte für wünschenswert hält.

Werte haben folglich einen begrenzten Einfluss auf Verhalten. Worauf basiert dann Vertrauen? Entwickelt es sich auf der Basis von Verhalten? Luhmann schreibt:

> Man kann nicht ohne jeden Anhaltspunkt und ohne alle Vorerfahrung Vertrauen schenken. Aber Vertrauen ist keine Folgerung aus der Vergangenheit, sondern es überzieht die Informationen, die es aus der Vergangenheit besitzt, und riskiert eine Bestimmung der Zukunft. Im Akt des Vertrauens wird die Komplexität der zukünftigen Welt reduziert. Der vertrauensvoll Handelnde engagiert sich so, als ob es in der Zukunft nur bestimmte Möglichkeiten gebe. Er legt sich auf eine Zukunft fest. (Luhmann, 2000, S. 17)

Vertrauen bezieht sich auf die Zukunft und leitet sich nicht allein aus der Vergangenheit ab. Es muss sich also dabei um Verhaltens*erwartungen* gegenüber der anderen Person handeln. Was prägt diese Verhaltenserwartungen, und welche Rolle spielen Werte dabei? Wenn Werte - auch christliche Werte - nicht automatisch zu bestimmtem Verhalten führen, inwiefern bietet die Kenntnis (oder Vermutungen zu) von Motiven und individuellem Wollen der anderen Person überhaupt eine Basis, den Grad der Vertrauenswürdigkeit dieser Person zu beurteilen? Oder leitet sich Vertrauen allein aus dem direkt beobachtbaren Verhalten der anderen Person ab? Welche Wirkung haben die Werte, die einer anderen Person zugeschrieben werden, auf eigenes Vertrauen in diese? Dazu muss ein näherer Blick auf die aktuelle Vertrauensforschung gerichtet werden.

3.2 Vertrauenstheorien

Während Luhmann (1988, S. 94) noch beklagt, dass Vertrauen ein wenig beforschtes Feld sei, wurde in den vergangenen zwanzig Jahren Vertrauen intensiv untersucht. Kramer (1999) stellt hier fest: "Trust has rightly moved from bit player to center stage in contemporary organizational theory and research" (S. 594). Bunker, Alban & Lewicki (2004) sehen die Forschung zu dem Thema sogar bereits in einem fortgeschrittenen Stadium, gestehen jedoch auch die Problematik der Diversität und Unübersichtlichkeit der Forschungsergebnisse ein. "Remarkably, there is little convergence on exactly how to define and measure trust" (Bunker et al., 2004, S. 413). Dies mag seine Ursache auch darin haben, dass sich Forscher aus verschiedensten Disziplinen wie Philosophie, Soziologie, Ökonomie oder Psychologie mit Themen des Vertrauens auseinandergesetzt haben.

3.2.1 Zur Definition von Vertrauen

Die Divergenz in den Forschungsbemühungen der vergangenen Jahre zeigt sich in der Unterschiedlichkeit sowohl in den Definitionen, den Konzeptionen und Messansätzen, als auch in den Versuchen, die Forschungsansätze an sich zu gliedern (z. B. Shapiro, 1987, S. 624, Mayer, Davis & Schoorman, 1995, Bigley & Pierce, 1998, S. 405). Rousseau, Sitkin, Burt & Camerer (1998, S. 394f.) sehen jedoch trotz aller grundsätzlichen Unterschiede zwischen den Disziplinen prinzipiell große Gemeinsamkeiten. Demnach lässt sich Vertrauen definieren als

> ein psychologischer Zustand (state), der die Bereitschaft zur Verletzbarkeit (vulnerability) umfasst, basierend auf positiven Erwartungen hinsichtlich der Absichten hinter dem Verhalten anderer. (Rousseau et al., 1998, S. 395, Übers. d. Verf.)

Die zentrale Komponente von Vertrauen ist demnach das Konzept der *Bereitschaft zur Verletzbarkeit*, was auch die Autoren verschiedener Reviews als wichtige, wenn nicht gar *die* zentrale Komponente für eine Definition von Vertrauen sehen (z. B. Bigley & Pierce, 1998, S. 408; Burke et al., 2007, S. 619). Einen umfangreichen Überblick über weitere Definitionen geben Burke et al. (2007, S. 608ff.) und Kramer (1999, S. 571ff.). Vertrauen hat zum einen mit dem Risiko des Verletztwerdens zu tun. Bereits Luhmann (2000, S. 58) benutzt den synonymen Begriff „Verwundbarkeit" dafür:

> Man kann Vertrauen nicht verlangen. Es will geschenkt und angenommen sein. Vertrauensbeziehungen lassen sich daher nicht durch Forderungen anbahnen, sondern nur durch Vorleistung dadurch, daß der Initiator selbst Vertrauen schenkt oder eine zufällig sich bietende Gelegenheit benutzt, um sich als vertrauenswürdig darzustellen [...]. Für den Vertrauenden ist Verwundbarkeit das Instrument, mit dem er eine Vertrauensbeziehung in Gang bringt. (ebd., S. 55)

Entsprechend sieht Luhmann Vertrauen im Kern als „riskante Vorleistung" (Luhmann, 2000, S. 27) und daher als „Wagnis" (ebd., S. 31). Damit beschreibt er einen zentralen Aspekt auch für spätere Vertrauenstheorien.

Der isolierte Fokus auf dieses Risiko rückte die Vertrauensforschung jedoch zum Teil sehr in die Nähe transaktionaler Modelle aus der Betriebswirtschaftslehre. Vertrauen wird dabei als eine Art der Risikokalkulation mit Gewinn- und Verlusterwartungen betrachtet. Dies wurde als Verkürzung des Vertrauensbegriffs kritisiert. Deshalb ist die Zuschreibung von *positiven Absichten hinter dem Verhalten anderer* eine wichtige Ergänzung zur Beschreibung des Wesens von Vertrauen. Und an dieser Stelle findet sich auch die Bedeutung der Werte für Vertrauen. Welche Werte machen die Motivstruktur und das Verhalten der anderen Person aus? Was empfindet sie als *wünschenswert* und prägt damit die *Auswahl der zur Verfügung stehenden Weisen, Mittel und Ziele des Handelns? Wünscht* die andere Person, das eigene Wohl zu fördern? Oder ist ihr alleiniges Ziel der Eigennutz? Vertrauen steht demnach neben einer Risikobewertung eng mit den Werten im Zusammenhang, die einer anderen Person zugeschrieben werden. Mayer, Davis & Schoorman (1995) beschreiben diesen Zusammenhang. Sie sprechen von „Factors of Perceived Trustworthiness" (S. 715).

3.2.2 Das Funktionsmodell von Mayer, Davis & Schoorman

Das häufig zitierte Vertrauensmodell von Mayer, Davis & Schoorman (1995; siehe Abbildung 1) wurde unter dem Gedanken der Integration verschiedener Forschungsergebnisse entwickelt. Es ist ein Modell von dyadischem (interpersonalem) Vertrauen in dezidiert organisationalem Kontext. Es unterscheidet Eigenschaften des Trustors (Vertrauender) und des Trustees (Vertrauensempfänger).

Auf der Seite des Trustors findet sich eine bestimmte „generelle Bereitschaft, anderen zu vertrauen" (propensity to trust, ebd., S. 715). Dies greift die Vorstellung von Vertrauen als Persönlichkeitseigenschaft (Trait) einer Person auf, wie es Rotter (z. B. Katz & Rotter, 1969, S. 658) entfaltet. Diese Bereitschaft ist Ergebnis eines sozialen Lernprozesses und wird von Rotter als operationalisierbar und messbar angesehen (ebd.).

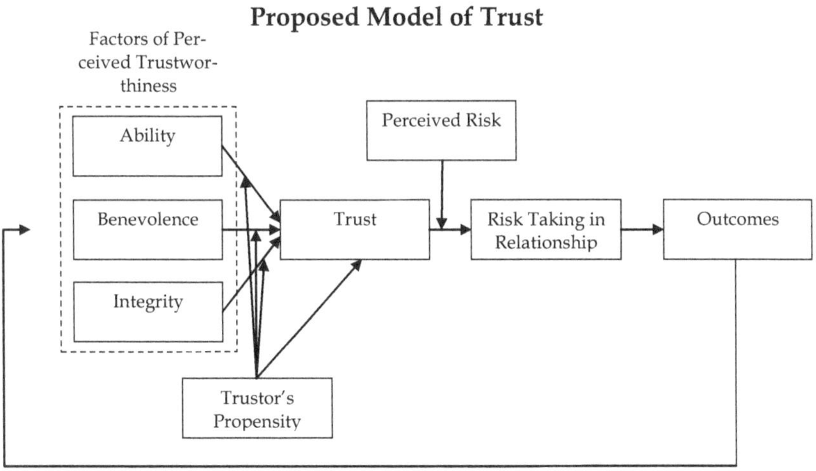

Proposed Model of Trust

Factors of Perceived Trustworthiness
Ability
Benevolence
Integrity
Perceived Risk
Trust
Risk Taking in Relationship
Outcomes
Trustor's Propensity

Abbildung 1: Vertrauensmodell von Mayer, Davis & Schoorman (aus Mayer, Davis & Schoorman, 1995, S. 715)

Zudem spielen, wie bereits erwähnt, die Eigenschaften eine Rolle, die einem Trustee zugeschrieben werden (Factors of Perceived Trustworthiness). Mayer et al. leiten aus der Literatur drei große Kategorien ab, die bei der Beurteilung einer Person als sehr oder wenig vertrauenswürdig eine große Rolle spielen: Ability (Fähigkeit), Benevolence (Wohlwollen) und Integrity (Integrität). Unter *Ability* verstehen sie "that group of skills, competencies and characteristics that enable a party to have influence within some specific domain" (Mayer et al., 1995, S. 717). *Benevolence* (Wohlwollen) definieren sie als "the extent to which a trustee is believed to want to do good to the trustor, aside from an egocentric profit motive" (ebd., S. 718). Unter *Integrity* (Integrität) verstehen sie "the trustor's perception that the trustee adheres to a set of principles that the trustor finds acceptable" (ebd., S. 719). Integrität zeigt sich zudem durch ein ausgeprägtes Gerechtigkeitsempfinden sowie durch Konsistenz im Verhalten bzw. zwischen Verhalten und Reden. Oft werden auch externe Informationen über die Person zur Einschätzung der Integrität herangezogen.

Mit diesem Modell knüpfen Mayer et al. an die Forschung zu Vertrauenswürdigkeitskriterien (Antecedents of Trust) an. Verschiedene Forscher (beispielsweise Butler et al., 1991; Jennings, 1971; Gabarro, 1978) explorierten in umfangreichen qualitativen Studien die Frage, welche Bedingungen dazu führen, dass positive Erwartungen bezüglich der Absichten einer anderen Person entstehen. Welche Eigenschaften müssen einer Person zugeschrieben werden, damit Führungskräfte ihnen „vertrauen"? Dabei ergaben sich verschiedene Listen von Kriterien, anhand derer eine andere Person bewertet wird. Jennings beispielsweise beschrieb die vier Kategorien loyalty, accessibility, availability und predictability. *Loyalty* ist dabei "an implicit promise from a subordinate not to bring harm to the executive" (Butler, 1991, S. 646). Diese Definition ähnelt stark dem Kriterium der Benevolence von Mayer et al. *Accessibility* wird beschrieben als "being mentally open and receptive to the giving and accepting of ideas", *availability* als "being physically present when needed" und *predictability* als "acting and making decisions consistently, in such a way as to prevent other's anxiety caused by the unexpected" (Butler, 1991, S. 646). In seiner eigenen Studie fand Butler in seinen halbstrukturierten Interviews mit 84 Managern aus unterschiedlichen Unternehmen zehn verschiedene Kriterien für die Vertrauenswürdigkeit ihrer Mitarbeiter (conditions of trust): *Verfügbarkeit* (availability), *Kompetenz* (competency), *Konsistenz/Kongruenz/Beständigkeit* (consistency), *Diskretion* (discreetness), *Fairness, Integrität, Loyalität, Offenheit, Zuverlässigkeit* (promise fulfilment) und *Aufnahmebereitschaft* (receptivity). Nach Ansicht von Mayer et al. lassen sich diese Kriterienlisten für Vertrauenswürdigkeit in die drei bereits erwähnten Kriterien zusammenfassen: Benevolence, Integrity und Ability.

Über diese Kriterien der Vertrauenswürdigkeit hinausgehend berücksichtigt das Modell von Mayer et al. den Prozess der Risikoabschätzung durch den Vertrauenden (perceived risk). Damit knüpft es an rationale Definitionen und Modelle an, wie beispielsweise das von Deutsch (1958). Für Deutsch unterscheidet sich Vertrauen von einer riskanten Entscheidung lediglich durch eine niedrigere erwartete Eintrittswahrscheinlichkeit des Ereignisses sowie in einem anderen Verhältnis von positiven und negativen emotionalen Konsequenzen (Deutsch, 1958, S. 266f.). Diese Perspektive allein genommen reduziert Vertrauen jedoch auf die Risikobewertungsprozesse. Als wichtiger Bestandteil fügt sie sich allerdings in das umfassendere Modell von Mayer et al. ein. Demnach betrifft das wahrgenommene Risiko der Situation (perceived risk) "the trustor's belief about likelihoods of gains or losses *outside of considerations that involve the relationship with the particular trustee*" (Mayer et al., S. 726, Hervorh. i. Orig.). Es geht hierbei also um das Risiko der *Situation an sich.* Dieses Risiko hat demnach Einfluss auf das Vertrauenshandeln. Es findet also eine Abwägung der Wahrscheinlichkeiten von Gewinnen oder Verlusten jenseits der Überlegungen zu der Beziehung zu dem konkreten Vertrauensempfänger statt.

Mayer et al. unterscheiden diesbezüglich zwischen Vertrauen als Bereitschaft (trust) und Vertrauen als Verhalten (behavioral trust). "One does not need to risk anything in order to trust; however, one must take a risk in order to engage in trusting action. [...] Trust is the willingness to assume risk; behavioral trust is the *assuming* of risk" (ebd., S. 724, Hervorh. i. Orig.), also der tatsächliche „outcome". Das Vertrauen in eine Person im Sinne eines inneren Vorgangs (trust) enthält demnach noch kein Risiko, Vertrauenshandeln (behavioral trust, outcome) jedoch schon. Die Größe des wahrgenommenen Risikos (perceived risk) in der Situation bestimmt neben der Beziehung mit, ob es zu einer Vertrauenshandlung kommt.

Jedoch ist es wiederum nicht nur die subjektive Einschätzung des objektiven Risikos *an sich*, das für eine Vertrauenshandlung (outcome) die alleinige Rolle spielt. Das Vertrauenshandeln findet im Rahmen einer Beziehung statt. Die Vertrauenshandlung ist ein *Risktaking in Relationship* (RTR). Anders als bei allgemeinem riskanten Verhalten oder einer allgemeinen Risikobewertung ist das Risiko beim Vertrauen zugleich sozialer Natur. Ob es zu einer Vertrauenshandlung kommt, hängt mit davon ab, wie die Beziehung zu der anderen Person eingeschätzt wird. Das Eingehen solcher Risiken hat starke affektive Folgen auch für die Beziehung.

Mayer et al. sehen zudem eine Feedbackschleife, die das Verhalten des Trustees einbezieht. Je nachdem, ob der Trustee das Vertrauen „ergreift" und sich als vertrauenswürdig erweist oder nicht, verändert der Trustor die Beurteilung dieser Person, sprich die drei Kriterien der Vertrauenswürdigkeit. Somit verändern sich die Wahrscheinlichkeiten für Vertrauenshandlungen in der Zukunft.

Das Modell ist unidirektional formuliert und erhebt den Anspruch, interpersonale Beziehungen in Organisationen zu beschreiben. Interpersonales Vertrauen wird demnach aus der Perspektive einer bestimmten Person beschrieben. Die vorliegende Studie konzentriert sich auf das Vertrauenserleben von Führungskräften in Organisationen und übernimmt so ebenfalls diese subjektive, unidirektionale Perspektive. Damit passt dieses Erklärungsmodell gut auf die Fragestellung dieser Arbeit. Aus dem Modell sollen im Folgenden insbesondere diese drei Kriterien der Vertrauenswürdigkeit (antecedents of trust) im Fokus der Betrachtung stehen, da sich bei ihnen inhaltliche Parallelen zu christlicher Ethik aufzeigen lassen.

3.2.3 Die Funktion von Vertrauen nach Luhmann

Für Luhmann ist Vertrauen ein „Mechanismus zur Reduktion sozialer Komplexität“ (Luhmann, 2000, S. 27ff.). Es ist die Antwort eines Systems - z. B. ein Mensch als biopsychosoziales System - auf eine überkomplexe Umwelt wie eine andere Person. Diese kann ihre Freiheit zu nützlichem oder schädlichem Handeln gebrauchen. Die Freiheit der anderen Person ist die Quelle der Unsicherheit und der Notwendigkeit von Komplexitätsreduktion. „Freiheit im gleichsam vorsozialen Sinne einer unkontrollierbaren Handlungspotenz anderer Menschen ist Quelle des Bedarfs für Vertrauen“ (ebd., S. 51). Persönliches Vertrauen ist deshalb „die generalisierte Erwartung, daß der andere seine Freiheit, das unheimliche Potenzial seiner Handlungsmöglichkeiten im Sinne seiner Persönlichkeit handhaben wird - oder genauer, im Sinne der Persönlichkeit, die er als die seine dargestellt und sozial sichtbar gemacht hat“ (ebd., S. 48). Deshalb ist das Vertrauensphänomen eng mit dem Machtphänomen verquickt. Macht ist laut Crozier und Friedberg (1979) „die bestimmten Individuen oder Gruppen verfügbare Möglichkeit, auf andere Individuen oder Gruppen einzuwirken“ (ebd., S. 39). Solche Einwirkungsmöglichkeiten stellen für andere Organisationsmitglieder Unsicherheitsquellen dar. Beispiele für Unsicherheitsquellen und damit Machtquellen in Wirtschaftsorganisationen sind:

> ...solche, die aus der Beherrschung eines spezifischen Sachwissens und der funktionalen Spezialisierung herrühren; solche, die an die Beziehungen zwischen einer Organisation und ihrer Umwelt, oder besser, ihren Umweltsegmenten, gebunden sind; solche, die aus der Kontrolle von Informationen und Kommunikationskanälen herrühren; solche schließlich, die sich aus dem Vorhandensein allgemeiner organisatorischer Regeln ergeben. (ebd., S. 50)

Laut Kellerman (2008) ist die Perspektive auf die Macht der „Followers“, die Macht der „Gefolgschaft“ in der Führungsforschung und Führungskräfteentwicklung lange zu Unrecht außer Acht gelassen worden. Sie plädieren für ein stärkeres Bewusstsein für die Macht von Geführten. “Never for a moment overestimate follower power. But never for a moment underestimate it either” (ebd., S. 258). Wo Untergebene von Führungskräften über Unsicherheitsquellen verfügen und damit über Macht, wird der Umfang ihres theoretisch möglichen Verhaltenspotenzials sichtbar. Eine Führungskraft kann sich nicht gegen all diese Handlungsmöglichkeiten absichern. Damit wird Komplexitätsreduktion nötig, und dies geschieht im Luhmann'schen Sinne mithilfe von Vertrauen und Misstrauen. Eine Annahme darüber, wie der andere handeln wird, vollzieht diese Komplexitätsreduktion. Es ist

„Vorwegnahme der Zukunft“ (Luhmann, 2000, S. 9) - das heißt, so zu handeln, als wäre man „der Zukunft sicher“ (ebd.). Negative Erwartungen bezüglich des Handelns der anderen Person bedeuten Misstrauen, positive Erwartungen dagegen Vertrauen. Vertrauen und Misstrauen reduzieren beide „aktiv“ äußere Komplexität, um eine Pseudo-Handlungssicherheit herzustellen. Sie sind damit funktional äquivalent (ebd., S. 92ff.). Mit Vertrauen vermag das System - in unserem Fall eine Person - mehr zu leisten als durch Misstrauen (ebd., S. 93).

Den Vorgang der Komplexitätsreduktion beschreibt Luhmann (2000) mit drei Aspekten, sog. „Strukturkomponenten“ (ebd., S. 38): Diese sind (1) die Teilverlagerung der Problematik von außen nach innen, (2) ein Vorgang des Lernens und (3) symbolische Kontrolle (S. 32ff/S. 38). Sie seien im Folgenden beschrieben: Bei der *Teilverlagerung der Problematik von außen nach innen* (1) wird angenommen, dass ein System intern immer weniger komplex als die Umwelt ist. Beim Vertrauen wird daher „die innere Ordnung der Datenverarbeitung an die Stelle der ursprünglich amorphen Umweltkomplexität“ gesetzt (ebd., S. 32). Das heißt, es wird äußere, komplexe Information verarbeitet und vereinfacht. Luhmann schreibt daher: „Vertrauen beruht auf Täuschung. Eigentlich ist nicht so viel Information gegeben, wie man braucht, um erfolgssicher handeln zu können. Über die fehlende Information setzt der Handelnde sich willentlich hinweg“ (ebd., S. 38). Der Vertrauende handelt so, als wüsste er die Zukunft, und setzt „innere Sicherheit an die Stelle äußerer Sicherheit und steigert dadurch seine Unsicherheitstoleranz in externen Beziehungen“ (ebd., S. 32). Im *Vorgang des Lernens* (2) wird die typische Gestalt des Verlagerungsprozesses mit geformt. Diese Lernprozesse geschehen lebenslang. Inhaltlich lässt sich hier gut der Bezug zu Mayer's et al. „Propensity to Trust“ herstellen. Gemeint sind die durch Lernprozesse entstandenen Grundmuster und die grundlegende Bereitschaft, in bestimmten sozialen Situationen Risiken einzugehen. An dieser Stelle ließe sich darüber hinaus auch auf psychologische Bindungstheorien verweisen. Die *symbolische Kontrolle* (3) ist der dritte Aspekt der Komplexitätsreduktion durch Vertrauen. Da aufgrund der äußeren Komplexität nicht alle einzelnen Vorgänge kontrolliert werden können, geschieht Kontrolle auf einem „abgekürzten“, „symbolischen“ Weg. Ein vereinfachtes Gerüst von Indizien dient als Rückkopplungsschleife und meldet immer wieder Informationen zurück, ob das Vertrauen noch gerechtfertigt ist. Dabei gibt es „Schwellen“, bis zu denen misstrauensinduzierende Informationen vom Vertrauenden absorbiert und ignoriert werden. Werden diese Schwellen überschritten, wird unter oft emotional intensiven Reaktionen das Vertrauen entzogen. Damit werden beim Vertrauen nicht die Fakten, sondern die eigene Risikobereitschaft kontrolliert.

Vertrauen - ebenso wie Misstrauen - erfüllt die Funktion, soziale Komplexität zu reduzieren. Eine Person handelt dabei so, als würde sie zukünftiges Verhalten einer anderen Person kennen, und wird dadurch fähig, mehr zu vollbringen als ohne diese Annahme. Das Prinzip horizontaler und vertikaler Arbeitsteilung in Organisationen und der Gesellschaft als ganzer beruht auf derartigen Annahmen.

3.2.4 Die Bedeutung von Vertrauen im Führungskontext

Vertrauen ist zur Bewältigung von Komplexität organisationaler Aufgaben wichtig. Die Top-Down-Perspektive ist dabei in der jüngeren Forschung etwas im Hintergrund geblieben. Dabei ist diese Seite der Beziehung keineswegs trivial oder unbedeutend. Führung setzt nach Neuberger (2002) insbesondere in schlecht strukturierten (komplexen) Situationen an. „Personelle Führung ist legitimes Konditionieren bestimmten Handelns von Geführten in schlecht strukturierten Situationen mit Hilfe von und in Differenz zu anderen Einflüssen" (Neuberger, 2002, S. 47). Das Ziel von Führung ist es, „die Lösung von Problemen zu steuern, die im Regelfall schlecht strukturiert sind" (Neuberger, 2002, S. 47). Als Mittel der Führung nennt er ein „unspezifisches Verhaltensrepertoire" (ebd.). Führung ist nach seiner Darstellung ein Interaktionsprozess zwischen handelnden Akteuren. Sie benötigt zudem Legitimation, und solche ist eng verbunden mit Vertrauen der Geführten (Burke et al., 2007, S. 607). Für die Entwicklung eines Vertrauensverhältnisses von Seiten der Geführten ist es notwendig, dass die Führungskraft selbst zuerst Vertrauen wagt. Neubauer & Rosemann (2006) argumentieren beispielsweise, dass der Mächtigere in einer asymmetrischen Beziehung derjenige sein sollte, der den Vertrauensprozess mithilfe einer riskanten Vorleistung anstößt. „Die Führungskraft sollte als erste den Mitarbeitern gegenüber Vertrauenshandlungen realisieren, ungeachtet der Tatsache, dass sie damit das Risiko eingeht, ihre Vertrauensbemühungen scheitern zu sehen" (ebd., S. 133f.). Aber auch für andere Felder - wie beispielsweise die bereits erwähnte Delegationsfähigkeit - besitzt solches Top-Down-Vertrauen Relevanz. Die Frage des Effektes von Vertrauen diskutieren beispielsweise Neubauer & Rosemann (2006, S. 125ff.) oder Kramer (1999, S. 581ff.) im Abriss.

3.3 Christlicher Glaube, christliche Ethik und christliche Werte

Um die Rolle christlicher Werte für Vertrauenserleben zu verstehen, soll zunächst dargestellt werden, was hier damit gemeint ist. Anschließend wird der Zusammenhang mit Aspekten des Vertrauensprozesses beleuchtet.

3.3.1 Die Begriffe und deren Beziehung

Eine vielzitierte, religionswissenschaftliche Definition des christlichen Glaubens hat Friedrich Schleiermacher (1768–1834) formuliert:

> §11. Das Christentum ist eine der teleologischen Richtung der Frömmigkeit angehörige monotheistische Glaubensweise, und unterscheidet sich von andern solchen wesentlich dadurch, daß alles in derselben bezogen wird auf die durch Jesum von Nazareth vollbrachte Erlösung. (Schleiermacher, 1960, S. 74)

Das zentrale Alleinstellungsmerkmal ist demnach der Glaube an die Erlösung des Menschen durch Jesus von Nazareth. Dieses Ereignis ist theologisch zugleich der Startpunkt eines „neuen Bundes".

Laut der modernen relationalen Religionsdefinition von Coughlan gibt Religion den gemeinschaftlichen und institutionellen Rahmen vor, „innerhalb dessen Ich-Du-Verhältnisse verwirklicht werden" (2004, S. 109f.) und ist „Unterscheidungsinstanz zwischen Du und Nicht-Du" (ebd.), zwischen ansprechbarem Gegenüber und nicht ansprechbarer Sache. Die jüdische und christliche Anthropologie beschreibt den Menschen als Wesen, welches als kommunikatives Gegenüber Gottes geschaffen ist (1. Mose 1,27). Es ist ein Wesen, zu welchem Gott spricht und welches zu Gott spricht. Es ist ein Wesen, mit dem Gott einen Bund schließen will (z. B. 1. Mose 17,2). Dies ist ein Vertrauensverhältnis mit Verhaltenszusagen und Verhaltenserwartungen. Interessanterweise findet sich ein sprachanalytischer Bezug zwischen Bund und Vertrauen. „Vertrauen" beinhaltet im Kern den Begriff des „Trauens", also einen Bündnisschluss. Nicht zufällig findet sich dieser Begriff im Kontext der Eheschließung zwischen Menschen, aber auch in Bezug auf die Beziehung zwischen Mensch und Gott: „Glaube" wird auch mit „Vertrauen" synonym gesetzt, dem Sich-Verlassen auf Gottes Einhalten seiner Bundeszusagen.

Dieses relationale Religionsverständnis ist relevant für die *christliche Ethik*. Ethik bedeutet im Wortsinn „die Lehre vom richtigen und falschen, vom guten und bösen Handeln" (Schirrmacher, 2009a, S. 19). Im christlichen Sinne existiert sie jedoch niemals losgelöst von der beziehungshaften Perspektive auf Gott hin und dem Versprechen der Erlösung durch ihn. Schirrmacher formuliert in Übereinstimmung mit anderen Theologen:

> Die christliche Ethik ist so untrennbar mit dem christlichen Glauben insgesamt verbunden, daß sie als losgelöste Größe gar nicht bestehen kann. Dogmatik (christliche Lehre) und Ethik (christliches Handeln) gehören untrennbar zusammen. (Schirrmacher, 2009a, S. 19)

Verständlich wird dies an den Ausführungen von Dietrich Bonhoeffer (1906–1945). Demnach sucht Ethik im christlichen Sinne dabei nicht die Fragen zu beantworten: „Wie werde ich gut?" oder „Wie tue ich etwas Gutes?", sondern sie fragt nach dem Willen Gottes (Bonhoeffer, 1992, S. 31). Diese Frage setzt bereits eine Glaubensentscheidung voraus. Dabei ist der Wille Gottes - so ließe sich ergänzen - stets „das Gute, das Vollkommene und das Wohlgefällige" (Römer 12, 2). Die Frage nach gutem Handeln tritt also hinter das Ziel zurück, Gottes Willen zu tun. Das Tun und Beurteilen von Taten als gut oder schlecht sind demnach nicht losgelöst von Gott möglich, sondern stattdessen in der Suche seiner Person und seines Willens beantwortet.

Christliche Ethik ist komplex. Sie kennt sowohl normative, situative als auch existenzielle Perspektiven (Schirrmacher, 2007, S. 17). Das heißt, sie berücksichtigt sowohl „unveränderbare Gebote Gottes" (ebd.) (normativer Aspekt), die konkrete Situationsbedeutung, welche die Weisheit zum Entscheiden erfordert (situativer Aspekt), als auch individuelle Gewissensaspekte (existenzieller Aspekt). In alldem bleibt aber der Bezug des Menschen auf Gott hin erhalten.

So wie sich christliche Ethik nicht von christlicher Lehre (Dogmatik) trennen lässt, gibt es keine *christlichen Werte* losgelöst von christlicher Ethik und christlichem Glauben. *Von christlichen Werten zu sprechen, heißt damit, sich auf die christliche Ethik und damit auch auf die Kernbotschaften des christlichen Glaubens (Dogmatik) zu beziehen.* Es existieren folglich keine letztendlich von Gott losgelöste „christliche" Ethik oder „christliche" Werte als isolierte Größen.

Entsprechend gibt es auch keinen isolierbaren, simplen „christlichen" Wertekanon, sondern Werte, eingebettet in den Bündnisschluss von Gott und Mensch, zu dem die Bibel aufruft.

> Die Bibel selbst tritt uns nicht einfach als Sammlung einiger grundlegender Ordnungen und Werte gegenüber, die man schnell erlernt und in der Situation schnell aufsagt. Die Gebote und Ordnungen Gottes können nämlich in einer ungeheuren li-

terarischen Vielfalt und Ausdrucksweise verkündigt werden. (Schirrmacher, 2007, S. 15)

Damit verbunden ist eine hohe Eigenkomplexität. Diese spiegelt sich in der literarischen Vielfalt biblischer Aussagen zur Ethik wider. Schirrmacher (ebd., S. 15; Schirrmacher, 2009c, S. 10ff.) unterscheidet zwischen fünf Ebenen von biblischen Aussagen zur Ethik mit steigendem Konkretisierungsgrad: (1) Kernanliegen, (2) Grundgebot, (3) Ausführungsbestimmung, (4) Fallgesetz am Beispiel von Menschen, (5) Fallgesetz am Beispiel von Tieren. Wer von christlichen Werten spricht, kann sich also auf Aussagen auf diesen verschiedenen Ebenen beziehen. Christliche Werte finden sich demnach auf unterschiedliche Weise verschlüsselt. Normative Aussagen sind Gegenstand von Auslegung. Zudem kennt christliche Ethik Kollisionen und Konflikte zwischen Geboten (Schirrmacher, 2009c, S. 60ff.). Christliche Ethik ist deshalb kein einfacher Kanon von Regeln, sondern in sich komplex, inmitten einer komplexen Wirklichkeit. Christliche Ethik ist eingebettet in das gesamte Bezugssystem des christlichen Glaubens. So gibt es christlichen Glauben nicht ohne theologische Ethik, Dogmatik und Werte, aber auch keine christlichen Werte, theologische Dogmatik oder Ethik ohne die Gesamtaussagen des christlichen Glaubens.

3.3.2 Das Dreifachgebot der Liebe und das Gebot der Feindesliebe

Als „zentrale Botschaft" des christlichen Glaubens – sie könnte im Sinne Schirrmachers auch als „Kernanliegen" bezeichnet werden – formuliert Huber (2008, S. 249ff.) in Übereinstimmung mit anderen Autoren (z. B. Schirrmacher, 2009a, S. 202) das „Dreifachgebot der Liebe": Liebe zu Gott, Liebe zu sich selbst und Liebe zum Nächsten, basierend auf der Aussage Jesu, welches „das höchste Gebot" sei: *„Du sollst den Herrn, deinen Gott, lieben von ganzem Herzen, von ganzer Seele, von allen Kräften und von ganzem Gemüt, und deinen Nächsten wie dich selbst"* (Lukas 10,27; vgl. 5. Mose 6,5; 3. Mose 19,18). Laut Huber (2008, S. 259ff.) schließt selbst die Feindschaft des anderen ihn nicht von dem Gebot der Liebe aus (Gebot der Feindesliebe). „Liebt eure Feinde und bittet für die, die euch verfolgen" (Matthäus 5,44). Dabei sei der „Grund" der Liebe von Menschen „die Liebe Gottes zu uns Menschen" (Huber, 2008, S. 249). Liebe zu Gott, der eigenen Person und zum Nächsten ist nur möglich, wenn „zuvor die Einzigartigkeit Gottes anerkannt ist (5. Mose 6,5) und ihm unser Herz, unsere Seele, unser Gemüt und unsere Kräfte anvertraut sind" (Huber, 2008, S. 249; ähnlich Schirrmacher, 2009a, S. 200). Das Angebot der Liebe – also die Beschreibung einer Beziehung zwischen Gott und dem Menschen – mündet in die Aufforderung zur Gegenliebe zu Gott sowie zur Liebe von Mensch zu Mensch und vom Menschen zu sich selbst.

Zu dieser - recht abstrakten - Zusage der Liebe und Aufforderung zur Liebe gesellen sich verschiedenste Konkretisierungen, die auch für die Führungsbeziehung zwischen Unternehmer und Mitarbeitern vertrauensrelevant sein könnten. Als Beispiele für Grundgebote können die Zehn Gebote gelten. In Anlehnung an 2. Mose 20 formuliert Martin Luther sie folgendermaßen:

> [1] Ich bin der Herr, dein Gott. Du sollst nicht andere Götter haben neben mir.
>
> [2] Du sollst den Namen des Herrn, deines Gottes, nicht unnützlich führen, denn der Herr wird den nicht ungestraft lassen, der seinen Namen missbraucht.
>
> [3] Du sollst den Feiertag heiligen.
>
> [4] Du sollst Vater und Mutter ehren, auf dass dir's wohl gehe und Du lange lebest auf Erden.
>
> [5] Du sollst nicht töten.
>
> [6] Du sollst nicht ehebrechen.
>
> [7] Du sollst nicht stehlen.
>
> [8] Du sollst nicht falsch Zeugnis reden wider deinen Nächsten.
>
> [9] Du sollst nicht begehren deines Nächsten Haus.
>
> [10] Du sollst nicht begehren deines Nächsten Weib, Knecht, Magd, Vieh, oder alles, was sein ist. (Luther, M., 1987, S. 800, Hervorh. i. Orig., Nummerierung hinzugefügt durch den Verf.)

Besonders für das siebte bis zehnte Gebot lassen sich leicht Bezüge zu betrieblich organisationaler Wirklichkeit und auch Verletzbarkeit eines Vorgesetzten herstellen. Beispielsweise im siebten und zehnten Gebot findet sich der Gedanke des Eigentumsschutzes, welches auch das des Betriebseigners oder Vorgesetzten beinhaltet. Luther schreibt dazu: „Wir sollen Gott fürchten und lieben, daß wir unsers Nächsten Geld oder Gut nicht nehmen noch mit falscher Ware oder Handel an uns bringen, sondern ihm sein Gut und Nahrung bessern und behüten" (ebd., S. 807). Wie eingangs erwähnt, fügen Mitarbeiter durch Diebstahl ihren Unternehmen jährlich immense Schäden zu, ein Verhalten, welches mit diesem Gebot im Konflikt steht.

Das achte Gebot „Du sollst nicht falsch Zeugnis reden wider deinen Nächsten" betont den Wert von Wahrheit. Die organisationsinterne und -externe Bedeutung von Kommunikation dürfte unbestritten sein. Offenheit (openness) nennt Butler (1991, S. 646) als ein Kriterium für Vertrauenswürdigkeit. Schirrmacher (2009c, S. 64) differenziert, „daß Lüge nicht einfach der Widerspruch zwischen Denken und Sagen ist", sondern „die Verneinung, Leugnung und wissentliche Zerstörung der Wirklichkeit, wie sie in Gott geschaffen ist" (ebd.). Es geht in diesem Gebot nicht um ersteres, sondern um bewusste Falschaussagen mit dem Ziel, der anderen Person zu schaden. Organisationsmitglieder der verschiedensten Ebenen besitzen beachtliches Schädigungspotenzial anderen Personen, Personengruppen und einer ganzen Organisation gegenüber. Liebe - hier beispielhaft spezifiziert - heißt, das Wohl des anderen zu suchen, und könnte damit im Zusammenhang mit dem Vertrauenskriterium Wohlwollen (Benevolence) erlebt werden.

3.3.3 Gerechtigkeit und Wahrheit

Laut Schleiermacher ist die Erlösung des Menschen durch Christus das Kernelement christlichen Glaubens. Dies beinhaltet den Fall und das Scheitern des Menschen an Gottes Normen, aber auch die Vergebung der Schuld durch die *subjektive Heilsaneignung*. Das heißt, ein Mensch bezieht die *objektive Heilstat* des Sterbens und Auferstehens von Jesus Christus auf sich selbst und lässt sich im Wissen um die eigene Erlösung auf eine durch Gott verwandelte Lebensweise mit veränderten Werten ein. Diese Verhaltensfolgen werden in der christlichen Theologie *Heiligung* genannt. Subjektive Heilsaneignung ist folglich die individuelle Konkretisierung und Realisierung des Bündnisangebots Gottes an den Menschen. Verändertes Sein prägen daraufhin veränderte Werte und Handeln. So schreibt der Apostel Paulus: „So halten wir nun dafür, dass der Mensch gerecht wird ohne des Gesetzes Werke, allein durch den Glauben" (Römer 3,28). „Gut" an sich wird der Mensch demnach nicht durch eigenes Handeln, sondern durch den Glauben an das rechtfertigende Tun des Sohnes Gottes am Kreuz. Diese Aussage markiert das Kernanliegen der Reformation: *Rechtfertigung* aus dem Glauben. Zugleich ergänzt der Jakobusbrief: „So ist auch der Glaube, wenn er nicht Werke hat, tot in sich selber" (Jakobus 2,17). Zum christlichen Glauben gehören damit sogleich bündniskonforme Verhaltensfolgen, zu denen Gott jedoch gleichzeitig befähigt. Das Verhältnis von Rechtfertigung und Heiligung und damit der Gültigkeitsbereich verschiedener biblischer Aussagen, ist nicht unproblematisch (Schirrmacher, 2009b, S. 127ff; S. 148). Dennoch ist der Glaubende aufgefordert, entsprechend Gottes Geboten zu handeln (Schirrmacher, 2009d, S. 65ff). Christlicher Glaube bezieht sich demnach im Kern auf die Rechtfertigung vor Gott durch Gott selbst – nämlich seinen Sohn

Jesus Christus - und rechnet aus dieser Rechtfertigung heraus mit guten Taten (Werke), also einem Verhalten, das dem Bündnis mit Gott entspricht.

Abgeleitet von dem Dreifachgebot der Liebe und Feindesliebe finden sich Aufforderungen, die mit den Kriterien für Vertrauenswürdigkeit in Beziehung stehen. Zu nennen wäre zum einen die Aufforderung, sich um gerechtes Verhalten und um Wahrheit zu bemühen. „Lernt Gutes tun, trachtet nach Recht, helft den Unterdrückten, schafft den Waisen Recht, führt der Witwen Sache!" (Jesaja 1,17). Gott identifiziert sich mit Gerechtigkeit und ist damit Vorbild für die Gläubigen. „Denn ich bin der HERR, der das Recht liebt und Raub und Unrecht hasst" (Jesaja 61,8; Schirrmacher, 2009f, S. 442).

Auch sollen Reden und Verhalten deckungsgleich sein. „Lasst uns nicht lieben mit Worten noch mit der Zunge, sondern mit der Tat und mit der Wahrheit" (1. Johannes 3,18). Ein hoher Wert ist die Wahrheit, mit der sich Jesus als Person identifiziert: „Ich bin der Weg und die Wahrheit und das Leben. Keiner kommt zum Vater denn durch mich" (Johannes 14,6). Heuchelei und Lüge werden dagegen abgelehnt, der Glaubende zu integrem Verhalten aufgefordert. „Du Heuchler, zieh zuerst den Balken aus deinem Auge; danach sieh zu, wie du den Splitter aus deines Bruders Auge ziehst" (Matthäus 7,5). Jesus verurteilt frommes Reden ohne entsprechende Taten. „Weh euch, Schriftgelehrte und Pharisäer, ihr Heuchler, die ihr den Zehnten gebt von Minze, Dill und Kümmel und lasst das Wichtigste im Gesetz beiseite, nämlich das Recht, die Barmherzigkeit und den Glauben! Doch dies sollte man tun und jenes nicht lassen" (Matthäus 23,23). Neben der Heuchelei wird die Lüge abgelehnt: „Darum legt die Lüge ab und redet die Wahrheit, ein jeder mit seinem Nächsten" (Epheser 4,25). Der Teufel wird von Jesus als „Vater der Lüge" (Johannes 8,44) bezeichnet. Hier kann ein Bezug zum Vertrauenskriterium Integrität hergestellt werden.

Die Möglichkeit zur Vergebung ist dabei die Grundlage für ein Leben, Reden und Tun in Wahrheit. „Wenn wir aber unsere Sünden bekennen, so ist er treu und gerecht, dass er uns die Sünden vergibt und reinigt uns von aller Ungerechtigkeit" (1. Johannes 1,9). Wem die Möglichkeit zur Rehabilitation gegeben ist, der wird leichter auch zu Misserfolgen und Verfehlungen stehen können. Christlicher Glaube kennt Scheitern an Normen, aber ebenso die Möglichkeit zur Rehabilitation. Dies kann möglicherweise als Mechanismus zur Wiederherstellung von Integrität dienen.

3.3.4 Arbeit als Mandat Gottes in der Welt

Eine lange Tradition hat auch die Diskussion darum, welche Bedeutung Arbeit für den Gläubigen hat. Benedikt von Nursia (um 480–547 vermutlich) beispielsweise prägte einen Ordensgrundsatz der Benediktiner: Ora et labora, bete und arbeite. Der Berufsbegriff von Martin Luther (1483–1546), hergeleitet von „Berufung", wurde vielfach diskutiert; Arbeit wird als Dienst vor und an Gott betrachtet. Der Soziologe Max Weber (1864–1920) sieht in der protestantischen Ethik gar eine zentrale Grundlage für die kapitalistische Wirtschaftsordnung. Arbeit erhält tatsächlich in der evangelischen Theologie besonders seit der Reformation eine hohe Wertschätzung. Gott selbst tritt als Arbeitender in Aktion (Schirrmacher, 2009e, S. 177), macht sich die Finger „schmutzig", sei es bei der Schöpfung des Menschen aus der „Erde vom Acker" oder in der Menschwerdung, dem Leiden, dem Sterben und Auferstehen Jesu. Auch der Mensch ist zur Arbeit, zur Weltgestaltung berufen; Arbeit hat ihren Wert (Schirrmacher 2009e, S. 180f.). So wie göttliches Handeln auf *Dienst* am Gegenüber zielt, so soll auch menschliches Handeln nicht oder nicht allein „Selbsterhalt" sein, sondern Dienst am Mitmenschen und an Gott (Schirrmacher, 2009e, S. 189f.). Jesus statuierte: „Wer unter euch groß sein will, der sei euer Diener; und wer unter euch der Erste sein will, der sei euer Knecht, so wie der Menschensohn nicht gekommen ist, dass er sich dienen lasse, sondern dass er diene und gebe sein Leben zu einer Erlösung für viele" (Matthäus 20, 26-28). Arbeit in christlicher Perspektive ist in umfassendem Sinne Dienst am anderen und gleichzeitig an und vor Gott.

Bonhoeffer (1906–1945) schreibt über den Sinn von Arbeit: „Durch das göttliche Mandat der Arbeit soll eine Welt entstehen, die - darum wissend oder nicht - auf Christus wartet, auf Christus ausgerichtet ist, für Christus offen ist, ihm dient und ihn verherrlicht" (Bonhoeffer, 1992, S. 58). Arbeit als göttliches Mandat heißt, dass konkretes Arbeitshandeln - welcher Natur auch immer - gemäß dem „in der Christusoffenbarung begründeten und durch die Schrift bezeugten göttlichen Auftrag" (ebd., S. 394f.) geschieht. Der Mensch ist ermächtigt und legitimiert, durch die Arbeit Gottes Gebote auszuführen. Wie bei den anderen Mandaten, so wird das irdische Feld der Arbeit durch Gottes Gebote in Anspruch genommen, beschlagnahmt und gestaltet. Damit handelt ein Mensch als „Träger des Mandates" in „Stellvertretung, als Platzhalter des Auftraggebers" (ebd.). Der Mensch ist herausgefordert, sich nicht zurückzuziehen und die gegenwärtige Welt damit aufzugeben, sondern sie im Gegenteil hin zu einer lebenswürdigen, christusgefälligen Welt zu gestalten, betont Bonhoeffer, wie später auch Moltmann (1964, S. 310f.).

Gleichzeitig ist Arbeit aber auch nicht Selbstzeck oder gar an sich göttlicher Natur im Sinne einer bürgerlichen Pflichtenmoral, sondern der Mensch ist berufen „zur Mitarbeit am Reich Gottes, das kommt" (Moltmann, 1964, S. 307; siehe auch Schirrmacher 2009e, S. 206). „Arbeit „an sich" ist nicht göttlich, aber Arbeit um Jesu Christi Willen, um des göttlichen Auftrages und Zieles willen ist göttlich. Allein weil Gott um Christi Willen den Menschen die Arbeit befohlen und ihr Verheißung gegeben hat, ist die Arbeit göttlich" (Bonhoeffer, 1992, S. 56). Max Webers bürgerlich geprägte Definition von Arbeit als „abgegrenztes Gebiet von Leistungen" (ebd., S. 290) kritisiert Bonhoeffer scharf als zu eng und als „Pseudoluthertum". Der Mensch ist nach Bonhoeffer nicht zuerst zu Pflichterfüllung oder spezifischem (nutzbringenden beruflichen) Handeln bestimmt, sondern vor allem in die Gemeinschaft mit Christus berufen. „In der Begegnung mit Jesus Christus erfährt der Mensch den Ruf Gottes und in ihm die Berufung zum Leben in der Gemeinschaft mit Christus" (ebd., S. 290). Er fordert wie später auch Moltmann, persönliches Arbeitshandeln nicht, um die individuelle und gesamtgesellschaftliche Verantwortlichkeit zu reduzieren. Arbeit ist nicht das einzige „Mandat" Gottes in der Welt (ebd., S. 55), darf ebenso wie die anderen Mandate von Ehe, Obrigkeit und Kirche nicht den Anspruch erheben, allein bestehen zu können und „alle anderen zu ersetzen" (ebd., S. 397). Dies verbietet die Ausbeutung des anderen unter dem Vorwand, dieser müsse eine „christliche Pflicht erfüllen". Die Schaffung einer auf Christus ausgerichteten Welt ist eine umfassende Aufgabe, die auch durch die Mandate der Ehe, Obrigkeit und Kirche Raum gewinnt; keines dieser Mandate darf die anderen bestimmen.

Christliches Leben findet nicht *jenseits*, sondern auch *inmitten* und *durch* das Arbeitsleben statt. Arbeit ist eine von Gott beauftragte, ermächtigte und legitimierte Tätigkeit, die in seinem Sinne geschehen soll. Nach christlicher Anschauung geschieht sie nie nur im Interesse des Arbeitenden, sondern auch immer für andere, als Dienst am anderen. Dieser Fokus auf den Nutzen des anderen soll Auswirkungen auf Qualität und Motivation des Arbeitshandelns haben. Eine besondere Einstellung zur Arbeit aber auch Widerstand bei Aufforderungen, die nicht mandatskonform sind, könnten die Folgen sein.

3.4 Christliche Werte und Vertrauen

Nach der Beschreibung von Vertrauen und christlichen Werten ist der Bezug der beiden Phänomene zueinander zu klären, bevor der Fokus der empirischen Fragestellung deutlich wird. Dabei stehen zwei verschiedene Ebenen miteinander in Beziehung, nämlich die sozialpsychologische Ebene (Kriterien für die Einschätzung von Vertrauenswürdigkeit nach Mayer et al. 1995) und die normative Ebene innerhalb des christlichen Glaubens (korrespondierende christliche Werte). Wie in Tabelle 1 ersichtlich, könnte sich das christliche Dreifachgebot der Liebe und das Gebot der Feindesliebe fördernd auf das Vertrauenskriterium Benevolence (Wohlwollen) auswirken. Die Aufforderungen, sich um Gerechtigkeit und Wahrheit zu bemühen sowie Verantwortung auch für Fehler zu übernehmen (Schuldbekenntnis und Schuldvergebung), könnten sich stützend auf die Wahrnehmung des Kriteriums der Integrity (Integrität) auswirken. Die evangelische Ethik betrachtet Arbeit als Dienst vor und für Gott. Arbeit geschieht damit qualitätsorientiert. Das könnte Auswirkungen auf die Erwartungen bezüglich der Fähigkeiten (Abilities) anderer Christen haben. Diese Beziehungen sind zunächst nur hypothetisch, und insbesondere die Auswirkung von christlicher Arbeitsethik zu Ability erscheint schwach. Denn hinzu kommt der Fakt, dass Werte generell nicht direkt und automatisch in Verhalten münden (Comelli & Rosenstiel, 2009, S. 1). Zum einen spielen externe, situative Faktoren ebenso eine Rolle. Zum anderen können verschiedene Werte bei einer Person um die Auswirkung auf das Verhalten in einer Situation konkurrieren und kollidieren. Verhalten in der Vergangenheit aber wiederum ist auch eine Grundlage für die Bewertung der Vertrauenswürdigkeit einer Person. Die inhaltliche Nähe christlicher Aussagen legt dennoch nahe, einen Bezug der Phänomene zueinander zu vermuten, was jedoch empirisch zu prüfen ist.

Es sei darauf hingewiesen, dass diese Gegenüberstellung theoretischer und hypothetischer Natur ist und „unsauber" in der Hinsicht, dass sie nur eine inhaltliche, nicht aber eine verhaltensbezogene Brücke schlägt. Es wäre vermessen, zu behaupten, dass ein Bekenntnis zum christlichen Glauben unbedingt Verhalten gemäß ethischer Standards mit sich brächte. Dies würde übersehen, dass viel Spielraum für verschiedene Interpretationen von Situationen einerseits und biblischen Aussagen andererseits besteht, sowie die existenziellen (d. h. gewissensbezogenen) Aspekte von Ethik außer Acht lassen. Christlicher Glaube prägt zudem mit Sicherheit nicht vollständig die Werte von Christen, und hat auch nicht diesen Anspruch. Christlicher Glaube kennt kulturelle Prägungen. Weiterhin hängt Verhalten nicht allein von den Werten einer Person ab, sondern auch von anderen situationellen Gegebenheiten. Es sei also mit dem Bezug von christlichen Werten auf Vertrauenswürdigkeitskriterien *nicht* impliziert, dass (1) alle Christen

Tabelle 1

Inhaltliche Korrespondenz zwischen christlichen Werten und Kriterien der Vertrauenswürdigkeit

Christliche Werte **(Werte des Vertrauens-empfängers)**	**Kriterien der Vertrauens-würdigkeit** **(Zuschreibungen durch die vertrauende Person)**
- Dreifachgebot der Liebe - Feindesliebe	- Benevolence (Wohlwollen) "Want to do good to the trustor, aside from an egocentric profit motive"
- Aufforderung zur Gerechtigkeit - Aufforderung zu konsistentem Verhalten - Wahrheit (Ablehnung von Heuchelei und Lüge) - Möglichkeit der Vergebung als Quelle für integres Reden und Tun, Schuldbekenntnis	- Integrity (Integrität) "Adhere to a set of principles that the trustor finds acceptable" - Starkes Gerechtigkeitsgefühl - Konsistenz des Verhaltens - Kongruenz von verbalen Äußerungen und Verhalten - Verlässlichkeit durch andere Quellen bestätigt
- Christliche Arbeitsethik - Dienst am Menschen als Dienst an Gott	- Ability (Fähigkeit) "Group of skills, competencies, and characteristics that enable a party to have influence within some specific domain"

diese Werte für sich bejahen würden bzw. (2) biblische normative Aussagen von allen Christen gleich verstanden würden (3) dass diese Werte unbedingt Grundlage des Handelns aller wären, die sich selbst als „Christ" bezeichnen oder (4) diese Werte automatisch in bestimmter Art und Weise in spezifisches Verhalten bei Christen transformiert würden. Im Gegenteil, die Fragestellung dieser Arbeit zielt gerade auf die Frage, welchen Wert das christliche Bekenntnis inmitten all dieser

Einschränkungen für das Vertrauen eines Gegenübers haben kann – im vorliegenden Fall aus der Sicht christlicher Führungskräfte.

3.5 Fragestellung

Vom theoretischen Standpunkt her war es also möglich, eine Brücke zu schlagen zwischen dem Konzept der Vertrauenswürdigkeit einer Person (Mayer et al., 1995) einerseits und christlichen, normativen Aussagen andererseits. Das Verhalten entsprechend christlicher Werte könnte demnach möglicherweise die Vertrauenswürdigkeit einer anderen Person steigern, insbesondere wenn die vertrauende Person selbst Christ ist. Doch wie relevant und wie solide aus empirischer Sicht ist ein solcher Brückenschlag? Welche Rolle spielt das bloße Bekenntnis zu diesen Werten im Verhältnis zu tatsächlichem Verhalten für Vertrauen? Welche Rolle spielen christliches Bekenntnis und entsprechendes oder widersprechendes Verhalten im Prozess des Kennenlernens und der Beziehungspflege? Wie sehen bei christlichen Führungskräften die Strategien der Einbindung religiöser Wirklichkeit in Vertrauensprozesse in Führungssituationen aus?

Explorativ werden deshalb empirisch folgende Fragen untersucht:

- Welche Rolle spielt christlicher Glaube anderer für eigenes Vertrauen?
- Beurteilen christliche Führungskräfte den Glauben ihrer Mitarbeiter als relevant für ihr Vertrauenserleben?
- In welcher Weise erleben sie den christlichen Glauben bei ihren Mitarbeitern als förderlich oder hemmend für eigenes Vertrauen?

Diese Fragen sollen auf qualitative Weise untersucht werden, um entsprechende Denk- und Handlungsmuster erfahrener Führungskräfte zu erfragen und darzustellen. Ziel der Bemühungen ist auch ein Verständnis von deren subjektiven Erfolgsstrategien für den Umgang mit Vertrauen und Misstrauen unter religiösen Gesichtspunkten.

4 Methode

Vertrauenshandeln basiert auf subjektivem Vertrauenserleben. Christliche Begriffe wiederum werden oft mit subjektiv sehr unterschiedlichen Bedeutungen gefüllt. Um den Aspekt der Subjektivität zu berücksichtigen, wurde die Fragestellung empirisch vor dem Hintergrund des interpretativen Paradigma und mithilfe qualitativer Methodik untersucht. Dieses Forschungsparadigma wird im Folgenden zuerst dargestellt und im Anschluss die konkrete Forschungsmethodik und Stichprobe. Die Daten wurden als problemzentrierte Interviews nach Witzel (1986, S. 227ff.) erhoben und mit der Kernsatzmethodik von Leithäuser & Volmerg (1988, S. 244ff.) ausgewertet.

4.1 Das interpretative Forschungsparadigma

Das interpretative Paradigma ist eine Forschungsperspektive, die aus dem symbolischen Interaktionismus entwickelt wurde. Letztere Theorie hebt die Subjektivität von Wahrnehmungen in der Interaktion hervor. Die Theorie besagt, „daß kein gemeinsames System von Symbolen und Bedeutungen in einer Interaktion unterstellt werden kann, sondern daß Handlungen und Interaktionen erst Bedeutungen generieren, Bedeutungen also aus einem Interaktionsprozeß hervorgehen, statt ihm vorangestellt zu sein" (Meyerhuber, 2001, S. 26; Wilson, 1973, S. 59). Dies gilt nach Wilson (1973, S. 62) auch für Forschungsinteraktionen. Bedeutungen von Handlungen und Äußerungen werden durch die Forschenden immer aus einer subjektiven Perspektive heraus konstruiert. Verstehen beruht ebenso in der Wissenschaft immer auf Interpretationen. Der Forscher kann im sozialen Feld nicht die Rolle eines „objektiven" Beobachters übernehmen, sondern ist selbst Teil der Verstehensprozesse. Sowohl als Gesprächspartner in der Datenerhebung (hermeneutisches Feld I), als auch als Auswertender (hermeneutisches Feld II) fließt sein subjektives Verstehen in die Forschung ein. Im Forschungsprozess erst werden Bedeutungen kommunikativ konstruiert. Im Unterschied zum Alltagsverstehen besteht hier jedoch das Bemühen um Systematik und Reflexion. „Objektivität" der Forschungsarbeit wird sowohl durch Reflexion als auch Darstellung des eigenen Verstehenshorizontes angestrebt. Die Nachvollziehbarkeit von Forschungsprozess und Ergebnissen ist somit ein zentrales Gütekriterium und steht anstelle von Pseudo-Objektivität. „Daher muss der Forscher weit über das sonst übliche Maß hinaus ausdrücklich und selbstkritisch dafür Sorge tragen, dass seinem Publikum der Kontext und die Grundlagen seiner Interpretationen zugänglich werden" (Wilson, 1973,

S. 70). Das interpretative Paradigma der Sozialforschung verabschiedet sich damit von der normativen Vorstellung, abbildende (d. h. kontextunabhängige und unbezweifelbare) Beschreibungen der Wirklichkeit entwickeln zu können.

Methodisch besteht nach Wilson die Aufgabe darin, dass „ein Muster identifiziert wird, das einer Reihe von Erscheinungen zugrunde liegt. Dabei wird jede einzelne Erscheinung auf dieses Muster bezogen angesehen - als ein *Ausdruck,* als ein *„Dokument"* des zugrundeliegenden Musters" (Wilson, 1973, S. 60). Diese Muster können latent, also verborgen sein. Wie in der sozialen Interaktion im Alltag können erkannte Muster immer nur als „vorläufig" gelten, da später Gesagtes diese möglicherweise revidiert (Wilson, 1973, S. 59).

> Im Interpretativen Paradigma ist Handeln ein prinzipiell unabgeschlossener interpretativer Prozess, in dem nicht einfach die allgemeine Bedeutung der Symbole übernommen wird. Vielmehr interpretieren die Beteiligten diese nach Maßgabe ihrer subjektiven Wahrnehmung des Handlungskontextes. Mit standardisierten Verfahren lassen sich daher zwar allgemeine Symbole, wie sie sich etwa in der öffentlichen Meinung niederschlagen, ermitteln, nicht aber die unterhalb dieser Ebene liegenden praxisrelevanten Bewußtseins- und Erfahrungsgehalte. Indem mit standardisierten Verfahren der soziale Prozess auf ein statistisch verwertbares objektives Datum reduziert wird, gehen die erfahrungsgeschichtlich bedeutsamen Zusammenhänge verloren. [...] So werden jene Aspekte der sozialen Wirklichkeit ignoriert, deren Relevanz und Bedeutung erst aus dem situativen Kontext, in dem sie stehen, erschlossen werden können. (Volmerg, Senghaas-Knobloch & Leithäuser, 1986, S. 267)

Zur Beschreibung typischen Erlebens von Vertrauen und christlichem Glauben genügen allgemeine Begriffe und Ansichten nicht, denn sie sind Ergebnis subjektiven Verstehens. Wie beispielsweise Person A den „christlichen Glauben" von Person B erlebt, steht vermutlich auch in Beziehung zu der Frage, wen sie überhaupt als „Christ" bezeichnen würde. Ähnlich lässt sich der Begriff „Vertrauen" schwer standardisieren und operationalisieren, ohne ihn um wesentliche subjektive Aspekte und damit auch Erlebnisgehalte dieses Begriffs zu reduzieren (Bigley & Pierce, 1998, S. 408). Vertrauen ist Gegenstand von Interpretationen der von Wilson beschriebenen Art. „Folglich sind die wahrgenommenen Absichten und Bedeutungen im Handeln des anderen immer nur vorläufig, und sie unterliegen der ständigen Revision im Lichte nachfolgender Ereignisse im Ablauf der Interpretation" (Wilson,

1973, S. 59). Deshalb eignet sich die interpretative Forschungsperspektive für diesen Gegenstand.

4.2 Methoden und Verfahren

4.2.1 Datenerhebung mit problemzentrierten Interviews

Als Methode der Datenerhebung wurde das problemzentrierte Interview gewählt. Interviews sind qualitative Verfahren und damit für Forschung im Sinne des interpretativen Paradigmas gut geeignet. Sie ermöglichen die Darstellung von Erleben, ohne auf zuvor durch den Forscher festgelegte Kategorien zurückgreifen zu müssen. Sie bieten Raum für die Wirklichkeitskonstruktionen der Befragten bzw. für den Prozess gemeinsamer Wirklichkeitskonstruktion. Damit sind sie besonders für explorative Untersuchungen geeignet, laut Schuler (2007, S. 137) insbesondere, wenn komplexe, differenzierte, wenig überschaubare oder widerspruchshaltige Gegenstände untersucht werden sollen.

Aus den verschiedenen Varianten von Interviews wurde das Verfahren des problemzentrierten Interviews nach Witzel (1989, S. 227ff.) ausgewählt. Als halbstandardisiertes Interview bietet es die Möglichkeit, das Gespräch mithilfe eines Leitfadens zu strukturieren, indem wichtige themenbezogene Problembereiche angesprochen werden, aber gleichzeitig Raum für Narrationen geschaffen wird. Der Leitfaden hilft, den Themenraum eingegrenzt zu halten. Er dient als Grundlage für Wendungen und den Abbruch unergiebiger Darstellungen (Flick, S. 190). Es werden „anhand eines Leitfadens, der aus Fragen und Erzählanreizen besteht, insbesondere biografische Daten mit Hinblick auf ein bestimmtes Problem thematisiert" (ebd., S. 135). Durch den Raum für Erzählungen werden „biografische Daten mit Hinblick auf ein bestimmtes Problem" (ebd., S. 135) erhoben, die zur Rekonstruktion subjektiver Theorien verwendet werden können (ebd., S. 137).

Ein zentrales Kriterium der Methode ist *Problemzentrierung*. Eine vom Forscher wahrgenommene gesellschaftliche Problemstellung ist der Ausgangspunkt der Untersuchung. Im vorliegenden Fall handelt es sich um das Problem, dass christlicher Glaube einerseits Normen bietet, die Vertrauen stiften können, andererseits diese Normen aber in ein komplexeres Umfeld christlicher Ethik eingebettet sind und zudem weitere Faktoren die Umsetzung beeinflussen; damit ist christlicher Glaube eine fragliche Grundlage für Vertrauenswürdigkeit. Die Methode soll zudem an dem *Gegenstand orientiert* sein; da das Vertrauenserleben der Führungskräfte im Mittelpunkt steht, bieten sich Interviews mit diesen an. Auch Gruppendiskussionen wären eine mögliche Methode, aber aus praktischen Gründen nicht gegenstandsangemessen. Der Aufwand für die Teilnahme an solch einer Diskussion wäre für die Befragten ungleich größer und damit ihre Bereitschaft zur Teilnahme an sich geringer gewesen. Witzel schreibt zudem, „bei Deutungsmustern sozialer Realität [...] sollte man eher die Dialogform des Interviews aufgrund der Betonung detaillierter Nachfragemöglichkeiten des Interviewers vorziehen" (Witzel, 1989, S. 232f.). Ein weiteres wichtiges Kriterium ist die *Prozessorientierung* der Methode. Zentrale Kommunikationsstrategien umfassen neben dem Gesprächseinstieg, allgemeinen und spezifischen Sondierungen auch Ad-hoc-Fragen (Witzel, S. 245), welche spontane Möglichkeiten zum Konkretisieren in biografischen Erzählungen auf das Thema hin eröffnen.

Der entsprechend entwickelte Leitfaden (siehe Anhang) enthielt mehrere Frageblocks. Auf Fragen (1) nach allgemeinen Informationen zum Unternehmen und zu Führungserfahrungen folgten (2) solche zu der Beziehung von Vertrauen und Weltanschauung im Führungskontext. Als Grundlage dafür diente die Theorie von Mayer et al. So wurden neben offenen Fragen (Beispiel einer vertrauenswürdigen Person und deren Eigenschaften) anhand der Kriterien von Vertrauenswürdigkeit Zusammenhänge mit religiöser Wirklichkeit erfragt. Die Frage nach kritischen Ereignissen sollte Narrationen auslösen. Zum Schluss wurden (3) Fragen zum Glauben der Befragten sowie (4) ihrer Religiosität gestellt, um genügend Hintergrund für Interpretationen der Aussagen zu erhalten.

4.2.2 Durchführung der Interviews

Es wurden vier Interviews im Oktober 2009 durchgeführt. Die Befragten nahmen freiwillig an der Untersuchung teil. Aus praktischen Gründen fanden drei Interviews in Privaträumen und eines im Büro der jeweils Befragten statt. Dies gewährleistete eine persönliche, wenn auch nicht völlig störungsfreie Atmosphäre (Unterbrechungen durch Telefongespräche oder Personen). Die Gespräche dauerten je zwischen 25 und 40 Minuten und wurden mittels Diktiergerät dokumentiert. Tonaufzeichnungen haben laut Leithäuser & Volmerg (1988, S. 258) den Vorteil, dass sie „in einer vergleichsweise unmittelbaren Form alltägliche Rede wiedergeben und daß auch die Interventionen der Forschenden direkt dokumentiert sind. Die Situation der Erhebung kann auf diese Weise transparent und in die Auswertung der Texte mit einbezogen werden." Zudem wurde nach jedem Interview ein Postskriptum angefertigt. Die Durchführung der Interviews geschah durch den Autor der Studie. Damit war theoretische Kompetenz und Kenntnis des Leitfadens sichergestellt. Den Befragten wurde mit einem Präsent gedankt und Anonymität zugesichert. In Vorbereitung auf die Datenanalyse wurden die Interviews transkribiert.

4.2.3 Datenanalyse mit der Kernsatzmethode

Die Datenanalyse wurde mittels der Kernsatzmethode von Leithäuser & Volmerg (1988, S. 244) durchgeführt. Sie ermöglicht die Analyse umfangreicher Textpassagen (die Interviews umfassten 37 Seiten Transkript) unter Erhaltung von sprachlicher Komplexität und Kontext. Dabei wird induktiv vorgegangen und wichtige Aussagen der Sprecher - sogenannte Kernsätze - bleiben im Auswertungsprozess erhalten; diese Aussagen werden organisiert (Horizontalanalyse) und dadurch umfangreiche Textmengen für psychoanalytische Auswertung (Vertikalanalyse) aufbereitet. Vage Aussagen und Vieldeutigkeiten bleiben in den Aussagen erhalten. Das Verfahren besteht dabei aus den Schritten (1) Kernsatzfindung - (2) Kernsatzbündelung - (3) Erfahrungsfelderbündelung - (4) tiefenhermeneutische Interpretation anhand der Erfahrungsdimensionen (Volmerg, S. 245f.)

Für die *Horizontalanalyse* werden die Interviewtranskripte zunächst (1) in Sinneinheiten gegliedert und in diesen jeweils ein Kernsatz gesucht.

> **Kernsätze** sind also natürliche Verallgemeinerungen im Fluß der Diskussion. Sie bringen auf den Punkt, was besprochen wurde, und schließen häufig eine Phase der Diskussion ab. Danach wird ein anderer Aspekt aufgegriffen. Die Struktur eines **Kernsatzes** enthält alle relevanten Merkmale eines signifikanten Satzes der Umgangssprache:
>
> - den Situationsbezug in der Perspektive des Sprechenden
> - den Sachverhalt, über den gesprochen wird,
> - die Angesprochenen, an die sich die Äußerung richtet und
> - die Intention der Sprechenden.
>
> (Volmerg, 1988, S. 245, Hervorh. i. Orig.)

Im Gegensatz zur qualitativen Inhaltsanalyse beispielsweise, bei welcher allgemeine Kategorien gebildet werden, geht es hierbei darum, im Text natürliche und authentische Verallgemeinerungen zu finden, wie sie von den Redenden selbst formuliert wurden, oder solche bei Bedarf in imitierender Weise selbst zu formulieren. Die Aussagen behalten die Satzform und damit ihre Kontextbezogenheit. Dadurch bleiben sie für tiefergehende Analyse (Vertikalanalyse) in späteren Schritten erhalten. Die Nachvollziehbarkeit der Forschungsergebnisse durch Rezipienten wird somit erhöht. Leithäuser und Volmerg schlagen vor, die Kernsatzbildung durch mindestens zwei Forscher getrennt ausführen zu lassen und die Ergebnisse zu vergleichen, um die Validität kommunikativ zu erhöhen. Dies war im Rahmen der vorliegenden Diplomarbeit nicht möglich, wurde aber durch Überprüfen mit mehreren Tagen Zeitabstand simuliert und Korrekturen wurden ausgeführt. Die als Kernsatz dokumentierten Aussagen werden im nächsten Schritt einschließlich der jeweiligen Interviewsequenz auf Karten übertragen. Diese werden (2) „nach Ähnlichkeit der Gehalte" (ebd., S. 246) zu Clustern gebündelt - sprich, ähnliche Aussagen werden zusammengeführt. Diese Cluster stellen die Erfahrungsfelder dar, die sich wiederum (3) zu Erfahrungsdimensionen bündeln lassen. Diese Bündel ermöglichen den Überblick über Aussagen der Befragten, ohne die sprachlichen Besonderheiten z. B. durch Kategorienbildung eliminieren zu müssen. Das Material kann dadurch (4) tiefenhermeneutisch analysiert werden (Vertikalanalyse).

Ziel der *Vertikalanalyse* ist es, Widersprüchlichkeiten und Ungereimtheiten in der Sprache aufzuspüren und nach Indizien für die Erklärung dieser zu suchen. Auf Wittgenstein zurückgreifend beschreiben Volmerg, Senghaas-Knobloch & Leithäuser (2006, S. 273), dass in der Alltagssprache „Bewusstseinsfiguren, Handlungsfiguren und Intentionen" keine Einheit darstellen. Stattdessen

> … ist Alltagssprache häufig durch das Auseinanderfallen dieser konstitutiven Elemente gekennzeichnet. Hermeneutische - auch psychoanalytische - Verstehensanstrengungen werden notwendig, weil der Sinn des Gesprochenen oder Geschriebenen nicht mehr ohne Weiteres zugänglich ist. **Es wird anders gesprochen als gedacht, es wird anders gehandelt als gesprochen, es wird anderes angestrebt und gewünscht als gehandelt**. Solche Widersprüche und mangelnde Sinnübereinstimmung sind für die alltägliche Rede typisch. Das von uns zur Auswertung der Tonbandprotokolle angewendete Interpretationsverfahren wird dieser fragmentarischen Beschaffenheit der Alltagssprache gerecht. (Volmerg, Senghaas-Knobloch & Leithäuser, 2006, S. 273f., Hervorh. d. Verf.)

Dieses Auseinanderfallen der Sprache geschieht nicht zufällig, sondern ist wie erwähnt ein „Dokument" (Wilson, 1973, S. 60) des zugrunde liegenden Musters. Dieses gilt es zu erkennen und zu beschreiben. Dazu muss laut Leithäuser und Volmerg (1988) der Text mit logischem, psychologischem, szenischem bzw. tiefenhermeneutischem Verstehensmodus untersucht werden. Im *logischen* Verstehensmodus wird die Frage gestellt, *worüber* gesprochen wird. Es geht also um das verhandelte Objekt. Im *psychologischen* Modus wird gefragt, *wie* miteinander gesprochen wird; im *szenischen* Modus, *wie worüber* gesprochen wird. Darüber hinaus kann der Text auf seinen intentionalen Gehalt untersucht werden. Er erschließt sich im *tiefenhermeneutischen* Verstehensmodus, in dem folgende Frage gestellt wird: *Warum wird wie worüber gesprochen?* Die Frage zielt auf die Absicht des Sprechers ab. Diese kann ambivalent und widersprüchlich sein. Handlung und Bewusstsein können sich von der Intention unterscheiden. Durch die Untersuchung der verschiedenen Gehalte des Textes auf Stimmigkeit, Kontinuität und Konstanz soll der Zugang und das Verständnis zu Tiefem, auch Unbewusstem, im Text eröffnet werden, d. h. zu den zugrunde liegenden Mustern. Eine Überprüfung, ob die Interpretation im Forschungsprozess stimmig und nachvollziehbar entstanden ist, dient der Gültigkeitskontrolle der Interpretation.

Die Vertikalanalyse kann stets nur an ausgewählten Textstellen geschehen, um sicherzustellen, dass zumindest für diese eine „lückenlose und vollständige Dokumentation des Interpretationsprozesses" (Leithäuser & Volmerg, 1988, S. 239) gewährleistet wird. Die Kriterien für solche Textstellenwahl sind demnach (ebd., S. 240) *Wiederholung* eines Problems, die *Betroffenheit* des Sprechers, „die sich in der Art und Weise, wie über das Problem geredet wird, ausdrückt" sowie persönlicher *Erlebnisbezug*, *Beteiligung* bei diesem Problem im Gespräch, aber auch „*Übereinstimmung* der Themen im Gruppenvergleich" (bzw. verschiedener Interviews). Zudem sind „Mißverständnisse und Unklarheiten […] stets ein Anlaß, den vermeinten Gehalt des Textes zu explizieren und ihn auf Stimmigkeit zu überprüfen" (ebd., S. 256). Eigenes Erleben als Forscher spielt dabei eine wichtige Rolle. So schreibt Volmerg (1995):

> Für den hier gewählten methodischen Zugang ist die Inanspruchnahme meiner Person als Erkenntnismittel zentral; Identifikation und Gegenübertragung werden als Zugänge zu den unbewußten und latenten Sinnstrukturen genutzt. Gefühle und Phantasien, die sich im Zusammenhang mit dem Material ergeben, werden als mögliche Spiegelungen (Gegenübertragungen) des zu untersuchenden Organisationsgeschehens verstanden. (ebd., S. 139)

Zugang zur eigenen Verwobenheit mit dem Textmaterial kann und muss besonders im Hermeneutischen Feld II durch Reflexion gezielt angestrebt werden. Die Auswahl von Textstellen für die Vertikalanalyse geschieht also systematisch und unter Nutzung des subjektiven Erlebens des Forschenden gemäß dem interpretativen Paradigma. Ergebnis dieses gesamten Vorgehens ist ein Überblick über Aussagen und zugleich das Erkennen von Mustern, die diesen Aussagen zugrunde liegen, beispielsweise Ängste oder innere Widersprüche. Dadurch werden Erkenntnisse für den Rezipienten der Forschungsergebnisse nachvollziehbar und bewertbar.

4.3 Die Interviewpartner

Für diese Untersuchung wurden christliche Führungskräfte gewählt, welche zugleich Eigentümer und Geschäftsführer von kleinsten oder kleinen Unternehmen sind. „Kleine Unternehmen" haben laut Definition der Europäischen Union (Empfehlung 2003/361/EG, Klett & Pivernetz, 2004, S. 15), unter 50 Mitarbeiter und maximal 50 Mio. Euro Jahresumsatz, „kleinste Unternehmen" unter zehn Mitarbeiter und maximal zwei Millionen Euro Jahresumsatz. Qualitative Besonderheiten von kleinsten, kleinen und mittleren Unternehmen (KMU) sind extrem bedeutsam für das Verhalten dieser Betriebe sowie für deren Führung. Dies gilt insbesondere für eigentümergeführte Familienbetriebe. (Klett & Pivernetz, 2004, S. 16; Schachner, Speckbacher & Wentges, 2006, S. 614). Klett & Pivernetz schlagen deshalb vor, die Definition um den Begriff der „Eigenständigkeit" als qualitatives Kriterium zu ergänzen (ebd., S. 16). Als Eigentümer und Geschäftsführer können die Unternehmer dabei völlig selbstständig die Führungsbeziehung zu ihren Mitarbeitern gestalten - von der Frage, *wen* sie führen wollen, bis zur Frage, *wie* sie führen wollen. Ihnen stehen beispielsweise alle fünf klassischen Managementfunktionen (Planung, Organisation, Personaleinsatz, Führung, Kontrolle; Lührmann, 2005, S. 35) persönlich zur Verfügung. Damit ist der Erfolg in der Führungsarbeit auch zuerst abhängig von *eigenen* Strategien und Handlungen und nicht von denen anderer Instanzen.

Die Unternehmen der Befragten waren in Familienbesitz und beschäftigten zwischen fünf und 25 Mitarbeiter. Der Jahresumsatz wurde nicht erfragt, dürfte aber nach Einschätzung des Verfassers ebenso wie die Mitarbeiterzahl die Kriterien für kleinste oder kleine Unternehmen erfüllen. Die befragten Führungskräfte sind oder waren jüngst allesamt Eigentümer und langjährige Geschäftsführer ihrer Unternehmen (Kriterium: mindestens zehn Jahre Führungsverantwortung); zwei von ihnen befanden sich zum Zeitpunkt der Befragung bereits im Ruhestand. In drei von vier Unternehmen arbeiteten weitere Familienangehörige mit. Die Befragten wurden durch den Bekanntenkreis des Autors geworben.

Alle vier Befragten sind Männer. Dieser Sachverhalt ist erhebungspraktischen Zusammenhängen geschuldet und hat den Nachteil, dass die feminine Perspektive auf das Thema außen vor bleibt. Sicherlich lassen sich auch im Handwerk christliche Unternehmerinnen finden, jedoch muss diese Perspektive späterer Forschung überlassen bleiben.

Die Unternehmen der befragten Führungskräfte sind allesamt Handwerksbetriebe. Geografisch befinden sich sämtliche Betriebe an verschiedenen Orten im ländlichen Raum in Sachsen.

Für die Auswahl der interviewten Personen waren zudem Intensität ihrer Religiosität sowie ihre theologische Verortung von Relevanz, um den Gültigkeitsbereich gefundener Ergebnisse konkret zu halten. Sie sollten in einer Kirchengemeinde regelmäßig und verantwortlich engagiert sein und sich zum Spektrum des evangelischen Glaubens zählen. Dies trifft für die Befragten zu. Alle engagierten sich sogar in den Leitungsgremien ihrer jeweiligen Gemeinde. Sie gehören zur Evangelisch-Lutherischen Kirche, zur Evangelisch-Freikirchlichen Gemeinde (Baptisten), zur Landeskirchlichen Gemeinschaft und zur Evangelisch-methodistischen Kirche. Alle diese Gemeinden sind Mitglied der Evangelischen Allianz, was ihre Zugehörigkeit zur evangelischen Konfession dokumentiert. Zudem gehören sie zu der Arbeitsgemeinschaft Christlicher Kirchen (ACK), was sie theologisch und glaubenspraktisch in den ökumenischen Kreis christlicher Kirchen stellt. Die Befragten bezeichneten sich selbst als „praktizierender Christ", „wiedergeborener Christ", mit Jesus oder der Bibel als Fundament, „evangelikal-missionarisch" oder „evangelisch- lutherisch" – und als „nicht charismatisch" und „nicht liberal". All diese Gegebenheiten gilt es im Auge zu behalten, wenn die Erkenntnisse der Empirie auf ähnliche soziale Felder übertragen werden sollen.

5 Ergebnisse

Durch die Horizontalanalyse der Kernsatzmethode (das Clustern der Kernsätze) kristallisierten sich drei große Themenbereiche heraus. Diese Kernsatzcluster werden im Folgenden „Erfahrungsdimensionen" genannt. Sie sind hier mit den zugehörigen Kernsatzbündeln und Erfahrungsfeldern dargestellt. Punktuell werden exemplarisch die Ergebnisse vertikalanalytischer Untersuchungen eingeflochten.

Die erste Erfahrungsdimension ist *Eigenes Vertrauen und der Glaube der Anderen.* Dahinter verbergen sich die Überzeugungen der Führungskräfte zu der Frage, welche Rolle sie christlichem Glauben im Hinblick auf ihr persönliches Vertrauen in ihre Mitarbeiter zumessen.

Alle Interviews enthielten zudem das Themenfeld *Erfolgreiche Vertrauensentscheidungen als Resultat klugen Vorgehens*, welches die zweite Erfahrungsdimension darstellt. Die Führungskräfte beschrieben ihre Überzeugungen, Vorgehensweisen und Handlungsstrategien, mit denen sie dem inhärenten Risiko bei Vertrauensentscheidungen begegnen.

Das Interviewmaterial enthielt noch eine dritte Erfahrungsdimension. Alle Führungskräfte sprachen auch über die Thematik *Persönlicher Glauben als Anspruch und Ressource* für ihre Arbeit als Führungskraft und Unternehmer. Diese Erfahrungsdimensionen sollen hier dargestellt werden, um den propositionalen Gehalt der Texte abzubilden; psychologische, szenische und tiefenhermeneutische Aspekte sind für ausgewählte Bereiche beleuchtet.

Aus Datenschutzgründen werden die Befragten hier in anonymisierter Form als Führungskraft 1, Führungskraft 2, Führungskraft 3 und Führungskraft 4 bezeichnet. Die Nummerierung ist dabei mit der Nummer des jeweiligen Interviews identisch. Die Äußerungen der Befragten dienen als exemplarisch für das beschriebene Forschungsfeld; Analysen und Erkenntnisse beziehen sich auf dieses Feld, nicht auf die einzelne Person.

5.1 Eigenes Vertrauen und der Glaube der anderen

Aus den Aussagen wird erkennbar, dass christlicher Glauben bei anderen Personen nur als nachrangig bedeutsam für eigenes Vertrauen beschrieben wird. *Warum* dies der Fall ist und welche Kriterien stattdessen im Vordergrund stehen, ist Gegenstand des Abschnitts 5.1.1.

Abschnitt 5.1.2. befasst sich damit, *wie* dieser „nachrangige“ Funktionszusammenhang genauer aussieht.

5.1.1 Christliche Werte haben nachrangige Bedeutung für Vertrauen

Welche Rolle spielt das christliche Bekenntnis eines Mitarbeiters für eigenes Vertrauen? Die befragten Führungskräfte wiesen zunächst auf die begrenzte Bedeutung von Konfession und Religion anderer für ihr eigenes Vertrauen hin.

> **Führungskraft 2**: Werte ja, aber nicht vorrangig. (I2, S. 3)

Stattdessen sehen sie andere Kriterien im Vordergrund. Beispielsweise Ehrlichkeit und Aufrichtigkeit als Eigenschaften werden betont (vgl. auch Tabelle 2).

> **Führungskraft 2**: Ich vertraue, wenn ich merke, ein Mensch ist ehrlich und aufrichtig. Das gibt's bei Christen wie bei Nichtchristen. (I2, S. 3)

Ähnlich beschreibt es Führungskraft 3:

> **Interviewer**: Sind Christen die besseren Arbeitnehmer?
>
> **Führungskraft 3**: Das würd' ich nicht unbedingt sagen (Pause). Nee, es gibt auch Arbeitnehmer, die sehr loyal und nicht christlich sind. Die gibt's auch. (I3, S. 8)

Ehrliche, aufrichtige und loyale Menschen sind also nach Ansicht der Befragten nicht vorrangig unter Christen zu finden, sondern unabhängig von Konfession und Religion. Ehrlichkeit, Aufrichtigkeit und Loyalität sind Eigenschaften, welche als wichtige Voraussetzung für die Vertrauenswürdigkeit von Personen wahrgenommen werden. Dennoch sehen Führungskräfte einen Zusammenhang zwischen christlichem Glauben und der Vertrauenswürdigkeit einer Person, jedoch einen *nachrangigen*. *„Werte ja, aber nicht vorrangig“* (I2, S. 3). Christlichen Werten wird demnach eine nachrangige Bedeutung für eigenes Vertrauen zugemessen.

> **Führungskraft 2**: Also, ich stelle nicht nur nach Zensuren ein. Weil die sind nicht unbedingt das Primäre.
>
> **Interviewer**: Sondern …
>
> **Führungskraft 2**: Das ist das Menschliche, auch wie sie sich einbringen und wie sie Interesse zeigen und wie sie handwerklich - das ist ja bei uns viel - ich meine, es kann einer alles Einsen haben und hat zwei linke Hände. Das nützt mir dann gar nichts …

Interviewer: Welche Rolle spielen für dich die Werte von einer Person dabei?

Führungskraft 2: Ja, das kann ich vielleicht jetzt nicht in Prozentzahlen ausdrücken. Also, es spielt schon eine Rolle für mich mit, ist aber nicht das Ausschlaggebende. (I2, S. 2)

Tabelle 2

Vorrangige Kriterien der Vertrauenswürdigkeit

- Ehrlichkeit, Aufrichtigkeit, Loyalität
- Fachliche und soziale Kompetenzen
- Die Arbeitsweise (Tüchtigkeit, Arbeitsmotivation, Präzision)
- Die Passung der Charaktere (Chemie)
- Der Charakter

5.1.1.1 Fachliche und menschliche Kompetenzen sind das Wichtigste für Vertrauen

Welche „Akteure" spielen jedoch eine vorrangige Rolle für das Vertrauen? Lassen sich diese benennen? Das Wichtigste ist, dass Mitarbeiter *ihre Arbeit gut machen*, dass sie *mit den Leuten gut umgehen* und *zuverlässig sind*.

Interviewer: Also, für dich ist das Wichtigste, ob die Leute ihre Arbeit gut machen, also die Fähigkeiten, die sie haben?

Führungskraft 1: Richtig, wie gesagt, aber es gehört auch dazu, auch menschlich muss das passen.

Interviewer: Mit den Kunden oder mit dir?

Führungskraft 1: Beides. Das ist eine Wechselwirkung. Dass sie ihre Arbeit gut machen, dass sie mit Leuten gut umgehen und dass sie in ihren Sachen zuverlässig sind. Und dass du ihnen vertrauen kannst. Und dazu müssen sie keine Christen sein. (I1, S. 7)

Für die Beurteilung der Vertrauenswürdigkeit von Mitarbeitern stellen die Führungskräfte deren Arbeitsqualität und deren Umgang mit Menschen in den Vordergrund. Führungskraft 3 formuliert die Bedeutung fachlicher Kompetenzen plastisch:

Führungskraft 3: Also fast grundsätzlich bin ich nach zwei Kriterien gegangen: Passt der in unseren Betrieb? Ist das einer, der

> in irgendeiner Kirchgemeinde ist, und hat er die fachliche Kompetenz. Die fachliche Kompetenz war im Zwei-/ Dreifachen. Es zählt mir ja auch nichts … eine fromme Pflaume was. **Also, ne fromme Pflaume zählt mir auch nichts** (lacht). Das muss man einfach sagen.
>
> **Interviewer**: Was macht jemanden zu einer „Pflaume"?
>
> **Führungskraft 3**: Ja, ne, ein Weichei. Nicht. Der zwar große Sprüche klopft, aber fachlich nichts drauf hat. (I3, S. 1)

Im Prozess der Personalauswahl ist der Fokus einerseits auf den familiären und kirchlichen Hintergrund der Kandidaten gerichtet, im Schwerpunkt aber auf die fachliche Kompetenz.

> **Führungskraft 3**: Fachliche Kompetenz war im Zwei-/ Dreifachen. (I3, S. 1)

Folgerichtig erhält jemand, *der zwar große Sprüche klopft aber fachlich nichts drauf hat* (I1, S. 1), die abwertende Bezeichnung *fromme Pflaume.* „Also, ne fromme Pflaume zählt mir auch nichts." Fachlich *was drauf zu haben* ist wichtig, damit ein Mitarbeiter für den Unternehmer *was zählt.* Dahinter mag sich einerseits die Nützlichkeit durch Rollenerfüllung im Betrieb verbergen sowie andererseits die Bedeutung für das Vertrauen von Seiten der Führungskraft. Eine Analyse der auffälligen Formulierung „fromme Pflaume" folgt ab S. 63.

5.1.1.2 Tüchtigkeit, Arbeitsmotivation und Präzision sind Voraussetzungen der Vertrauenswürdigkeit

Auf welche Aspekte des Arbeitshandelns achten die Führungskräfte dabei insbesondere, wenn es um die Beurteilung ihrer Mitarbeiter im Allgemeinen und mit Blick auf ihr Vertrauen im Besonderen geht? Hier fallen die Begriffe *Zuverlässigkeit* (I1, S. 4), *ordentliches Auftreten* (I1, S. 4), *Tüchtigkeit* (I1, S. 4-6; 11-malige Nennung), *Prioritäten erkennen können* (I1, S. 4), *da sein, wenn es drauf ankommt* (I1, S. 5), *Präzision* (I3, S. 4), *Genauigkeit* (I3, S. 4), *Loyalität* (I3, S. 4), *Treue zur Sache* (I3, S. 4), *genaues Einschätzen der Arbeit und der eigenen Leistung* (I3, S. 5), *gerne auf Arbeit sein* (I2, S. 2), *ihre Arbeit gerne machen, Bereitschaft, mal dieses und jenes zu machen* (I2, S. 2). Basierend auf der Art und Weise, wie ihre Mitarbeiter mit ihren Aufgaben umgehen, beurteilen die Führungskräfte deren Vertrauenswürdigkeit.

> **Interviewer**: Überleg mal, vielleicht gab's in deinem Betrieb irgendjemand, wo du sagst: Zu dem hab ich großes Vertrauen. […] Stell dir mal die Person vor, und was hast du an diesen Personen geschätzt?

> **Führungskraft 1:** Das sind meistens ... der eine ist gar kein Christ. Der andere ein bisschen. Aber das ist ... die sind total zuverlässig. Macht sein Zeug. Und siehst dann, der hat ordentliches Auftreten. Das gehört auch alles dazu bei uns. Also, du kannst auch nicht jeden auf die Leute loslassen. Und dann merkst du das. Das Vertrauen wächst. Also das ist eine ganz wichtige Sache. Vertrauen kannst du nicht von jetzt auf nachher, aber Vertrauen, das müssen die Leute sich erwerben. Das ist einfach so. [...] Kannste gar nichts sagen. Oder dann haben wir in A. [Stadt, Anm. d. Verf.] einen, den haben wir selber ausgebildet. **Das ist ein tüchtiger Kerl.** Da ist mal ... wenn wir irgendetwas ausmachen (kurze Pause), z. B. wenn wir jetzt Sommerfest haben oder so, da kommt der gleich mal 'ne Stunde später. Das ist aber das Einzige, wo er zu spät kommt. Ansonsten macht er sein Zeug total zuverlässig (lacht). Und da kommt er rein, und da lacht alles. Da ist der A. auch da, so, jetzt können wir auch anfangen. Jetzt ist der A. da. Aber ansonsten ist er total tüchtig und hat die Prioritäten total erkannt. Der ist in A. [Stadt, Anm. d. Verf.] der Meister. Da muss jetzt keiner hin.
>
> **Interviewer**: Also, er ist zwar ein bisschen unpünktlich, aber ansonsten zuverlässig?
>
> **Führungskraft 1:** Aber nur, wenn's nicht darauf ankommt. Also wenn's drauf ankommt, gibt's gar nichts. [...] Wenn's drauf ankommt, ist der da. [...] Aber wenn's drauf ankommt, gerade wenn's um Mitarbeiter ... bist, denen du vertraust. Da ist auch noch ... da haben wir auch noch einen anderen. Der ist ein tüchtiger Kerl, da kannste gar nichts anderes sagen.
>
> **Interviewer**: Woran merkst du das, ob jemand tüchtig ist und zuverlässig?
>
> **Führungskraft 1:** Ja, das siehst du ganz schnell, wie der seine Arbeit macht. (I1, S. 4)

Diese Führungskraft empfindet *Tüchtigkeit* und *Zuverlässigkeit* als besonders wichtig für ihr eigenes Vertrauen. Führungskraft 2 hebt dagegen die beobachtbare Arbeitsmotivation hervor:

> **Interviewer:** Vertrauen hängt ja auch damit zusammen, ob einem jemand an sich wohlgesonnen ist. Und das hast du einfach auch aus der Erfahrung heraus im Gespür, oder woran erkennst du das?
>
> **Führungskraft 2**: (lange Pause) Ja ... (Pause). Ich weiß nicht, wie man das jetzt genau umschreiben soll. Also, du merkst das im Umgang mit den Leuten. Also, erst mal, ob die gerne hier

> sind, ob sie ihre Arbeit gerne machen, ob sie auch bereit sind, mal dieses oder jenes zu machen. (I2, S. 2)

Eine andere Führungskraft hingegen gerät bei den Stichworten „Präzision" und „genaue Einschätzung von Arbeit" geradezu ins Schwärmen:

> **Interviewer**: Wenn du so in Gedanken mal ein bisschen deine Mitarbeiter durchgehst [...]: Zu wem hast du eigentlich das größte Vertrauen, also du in die Person? Und was schätzt du besonders an dieser Person?
>
> **Führungskraft 3**: Tja, da fallen mir gleich mal drei Mann ein, die ich gleich auf Anhieb sagen könnte. Das war der alte Buchhalter. [...] War aber **ordentlich und ehrlich und zuverlässig und treu.** Und also, da konnte ... nichts Schlechtes sagen. [...] Und ja, da muss ich sagen, auch die T. ist eine Treue. Eine **Präzision, eine Genauigkeit, eine Loyalität**, auch dem Chef gegenüber. Und dann noch einen von der Werkstatt diesbezüglich [...]. Von dem konnte ich auch die **Präzision, die Genauigkeit, die Treue zur Sache** und auch das **genaue Einschätzen der Arbeit** ... Also, das war unübertroffen gut. Wenn der gesagt hat: In einer Stunde bin ich ungefähr mit dem Auto fertig, dann konnte ich mich drauf verlassen, dass er fertig ist. (I3, S. 3f.)

Die Prominenz verschiedener Werte, wie beispielsweise „Präzision", legt den Schluss nahe, dass sich „Vertrauen" für die befragten Personen im Unternehmenskontext auch auf betriebliche Zusammenhänge bezieht und möglicherweise begrenzt. Das Arbeitsfeld mag dabei eine wichtige Rolle spielen. Während in einem Bereich Genauigkeit und Präzision entscheidend sind, werden in einem anderen Feld Zuverlässigkeit und Tüchtigkeit (im Sinne von *da sein, wenn's drauf ankommt*) höher geschätzt. Vertrauenswürdigkeit wird demnach nicht für die Person global bewertet, sondern mit Fokus auf spezielle Aufgaben in betrieblichen Zusammenhängen. Vertrauen in Unternehmensbelangen muss damit nicht Vertrauen in privaten Belangen bedeuten. Vertrauen wird als domänenspezifisch erlebt.

5.1.1.3 Bei guten Arbeitern kann das Kündigen wehtun

Drei der vier Befragten sprechen von sich aus an, dass es schwerfallen kann, Mitarbeitern zu kündigen. Kündigen schmerzt demnach immer dann, wenn es sich um *tüchtige* oder *liebe, treue* Mitarbeiter handelt, unabhängig von Verbindungen durch den Glauben. Die Situation, in der es nötig ist, Kündigungen aussprechen zu müssen, erleben die Befragten als persönlich schwierig. Dabei spielen wiederum vordergründig nicht die Religionszugehörigkeit oder die Werte einer Person eine

Rolle dafür, wie schwer eine Kündigung fällt. Im Mittelpunkt steht die „Tüchtigkeit" eines Mitarbeiters.

> **Führungskraft 1:** Leid hat's mir getan [zu entlassen], wenn das Tüchtige, wenn sie ihre Arbeit gut gemacht haben. Wenn sie ihre Arbeit nicht gut gemacht haben, war's mir egal, ob's Christen sind, oder nicht. (I1, S. 6)

Beispielhaft beschreibt die Führungskraft zuvor mehrere Kündigungen, zum einen eine betriebsbedingte Kündigung eines nichtchristlichen Mitarbeiters.

> **Führungskraft 1:** Das war kein gläubiger, aber ein tüchtiger Kerl. Wir mussten den entlassen, wir hatten für den keine Arbeit. Das hat mir richtig wehgetan. Das war ein tüchtiger, zuverlässiger Kerl. (I1, S. 6)

Demzufolge: Ob gläubig oder nicht, spielt für den Unternehmer keine Rolle, sondern ob jemand ein *tüchtiger* und *zuverlässiger* Mitarbeiter ist. Dann tue ihm das Kündigen *weh*, bereite ihm also Schmerzen. Als zweites Beispiel beschreibt die Person aber auch eine christliche Mitarbeiterin, über die Beschwerden wegen Unfreundlichkeit laut wurden. Obwohl hier keine gute Arbeitsleistung vorlag, tat Kündigen ebenfalls *weh*; aufgrund der Verbindung über ihren frischen, gemeinsamen Glauben, war der Führungskraft das Kündigen nicht *egal*:

> **Führungskraft 1**: Und das ist ein paar Mal gewesen und dann haben wir eine Abmahnung geschrieben und dann haben wir sie entlassen. Hat mir aber auch wehgetan. Die ist auch zum Glauben gekommen und leider nicht besser geworden an der Stelle. Das hilft aber nichts. Also, das hat mir wehgetan. (I1, S. 6)

Hier wird als Motiv die Hoffnung sichtbar, dass sich persönliche Eigenschaften durch Annehmen des christlichen Glaubens verbessern. Diese enttäuschte Hoffnung auf positive Persönlichkeitsentwicklung ist möglicherweise die Ursache, dass in diesem Falle das Kündigen *wehtat*. Im Gegensatz dazu sei dem Unternehmer die Kündigung einer christlichen Mitarbeiterin aufgrund offener Leistungsverweigerung *egal* gewesen, es habe ihn *gar nicht gestört*.

> **Führungskraft 1**: […] Normalerweise – rausschmeißen, eigenhändig vor die Türe setzen. Das hatte sich dann schon aufgebaut, vorneweg. Also, solche Sachen sind eben auch passiert und leider auch von richtig Gläubigen.
>
> **Interviewer**: Ist dir das dann schwergefallen, gerade weil du wusstest, das sind fromme Leute?

> **Führungskraft 1**: Nein. Das war mir egal. Das war mir egal. Das hat mich gar nicht gestört (lacht). Weil die ... weißt du was, die haben sich so von uns, von dem Betrieb entfernt, und wenn die da mal die Bibel aufschlagen würden, wie sie eigentlich das machen müssten, dann würden sie das alles haben, und wenn das nicht reicht, dann hab ich nur eine Konsequenz: Raus. (I1, S. 6)

Trotz der direkten Aussage der Gleichgültigkeit fällt hier jedoch zugleich die emotionale Beteiligung auf, die sich in intensiver Handlungssprache zeigt: *rausschmeißen, eigenhändig vor die Türe setzen.* An dieser Stelle klaffen Aussage und Tonalität auseinander - ein möglicher weiterer Hinweis auf enttäuschte Hoffnungen und Erwartungen.

Besonders schwer fällt den Führungskräften jedoch, Mitarbeitern zu kündigen, die sich als motiviert und *tüchtig* gezeigt haben.

> **Führungskraft 3**: Die Leute waren mir ans Herz gewachsen, und das waren ja keine Leute, die ich - sagen wir mal - entlassen musste, weil's halt Pflaumen sind ... oder fachlich versagt haben, oder wer weiß was waren, sondern das waren alles liebe, treue Leute. (I3, S. 2)

Das Gefühl der Verbundenheit - oder sei es ein Gefühl der Verpflichtung - motivierte die Führungskraft, die zu entlassenen Mitarbeiter beim Verkleinern des Betriebes an andere Arbeitgeber weiterzuvermitteln. Eine Führungskraft beschreibt die Notwendigkeit, mehrere Mitarbeiter betriebsbedingt kündigen zu müssen sogar als

> **Führungskraft 2**: [...] eigentlich das Härteste, was ich durchgemacht habe, weil du kennst die Leute und du hast ein Vertrauensverhältnis und dann musst du bei zehn sagen: Leute, vier von euch müssen uns verlassen. Das geht dir schon an die Nieren. Da hängen Familien mit dran. (I2, S. 4)

„Vertrauen erzieht", schreibt Luhmann (2000, S. 84). Vertrauen von Mitarbeitern kann die Führungskraft „erziehen". Entsprechend fällt die Kündigung besonders dann schwer, wenn Mitarbeiter gut und engagiert gearbeitet und dadurch Vertrauen der Führungskraft erworben haben und dieser vertrauen. Die Basis des Vertrauens ist diesen Äußerungen nach nicht gemeinsamer Glaube, sondern gute Arbeitsleistungen. Die Führungskräfte beschreiben ein Gefühl der Verpflichtung, sich selbst als vertrauenswürdig zu erweisen. Wer vertrauenswürdig arbeitet, erwartet demnach, langfristig beschäftigt zu werden. Forschungen zum psychologischen Vertrag (z. B. Robinson, 1996) haben sich intensiv mit der Reziprozität von Erwartungen zwischen Arbeitgebern und Arbeitnehmern auseinandergesetzt. Vordergründig wird in den vorliegenden Aussagen die Qualität der geleisteten Arbeit für die Intensität des Vertrauens hervorgehoben. Je stärker das Vertrauensverhältnis zwischen Führungskraft und Mitarbeiter, desto schwerer fällt eine Kündigung. Wie stark dagegen gemeinsamer Glaube die Führungskraft bindet, wird unter dem dritten Erfahrungsfeld (Persönlicher Glaube als Anspruch und Ressource, s. S. 81) weiter erörtert. Trotz dieser bewusstseinsfähigen Kriterien sind Vertrauensprozesse nur bedingt beschreibbar, wie im Folgenden sichtbar wird.

5.1.1.4 Vertrauen ist eine Frage der Chemie

Vertrauensprozesse sind nur bedingt verbalisierbar. Neben dem bestimmten Fokus darauf, welche Qualität die Arbeit von Mitarbeitern hat und wie die Mitarbeiter *mit Leuten umgehen*, bleibt eine zwischenmenschliche, „geheimnisvolle" und kaum beschreibbare Erlebensebene der Wirklichkeit, die dennoch ihre Wirksamkeit entfaltet: die der „Chemie".

> **Führungskraft 2**: Bei manchen stimmt die Chemie, oder sie stimmt nicht. Das ist irgendwie eigenartig. (I2, S. 2)

In dieser Metapher ist Vertrauen - wie die Reaktion zwischen chemischen Elementen - ein Mysterium und unvorhersehbar. Die Elemente „stimmen" oder „stimmen nicht" zusammen, und der Beteiligte ist darauf angewiesen, sich auf die Person und Situation einzulassen und die Chemie zu erspüren. Das Geschehen der Vertrauensgenese als solche wäre demnach eine Art alchemistisches Mysterium. Die Frage nach den Grundlagen von Vertrauen erscheint dadurch auf jeden Fall als nicht trivial.

> **Interviewer**: Woran ... woher weißt du denn für dich, dass du den Leuten vertrauen kannst?
>
> **Führungskraft 2**: Ja, wissen ... das merkst du einfach im Umgang tagtäglich. [...] Das kann man nicht so genau festmachen. (I2, S. 2)

Die Führungskräfte haben nur begrenzt verbalisierbaren Zugang zur Beschreibung ihrer Vertrauensentscheidungen. Es eröffnet sich stattdessen eine unbewusste Ebene psychischer und dynamischer Prozesse. Vertrauen hat demnach neben der bewussten und verbalisierbaren eine unbewusste Ebene. Erfolgreiche Vertrauensentscheidungen sind zudem das Resultat klugen Vorgehens, wie in der Erfahrungsdimension 5.2 gezeigt werden wird. Dort finden sich Verhaltensstrategien im praktischen Umgang mit dem Phänomen Vertrauen. Auf die Frage nach der unbewussten Seite des Vertrauenserlebens wird an jener Stelle (vgl. S. 85) näher eingegangen. Zunächst wird im Folgenden jedoch der Überblick über diese Erfahrungsdimension weiter vervollständigt.

5.1.1.5 Glaube verändert den Charakter nicht

Sehen die befragten Führungskräfte möglicherweise Beziehungen zwischen „stimmender Chemie" und dem christlichen Glauben der anderen Person? Die theoretische Konzeption von „Vertrautheit" laut Luhmann (2000, S. 20ff.) würde es nahelegen. Dies ist nicht der Fall, denn christlicher Glaube muss nicht automatisch positive Eigenschaften erzeugen:

> **Führungskraft 1**: Leider wird - das ist halt so ... leider gehen durch unseren christlichen Glauben nicht alle unsere schlechten Eigenschaften flöten (lacht). Das wäre schön. Wenn du automatisch ein prima Kerl würdest. Also, pfh ... Wenn du jetzt vorneweg eine Pfeife bist, das heißt, da kann schon manches umgebogen werden, vorsichtig. Aber der Grundriss des Charakters ändert sich doch gar nicht. Das ändert sich doch nicht. (I1, S. 1)

Wenn christlicher Glaube vertrauenssteigernd sein solle, müssten *durch unseren christlichen Glauben alle unsere schlechten Eigenschaften flöten gehen*. Da dies nicht so sei, wird christlicher Glaube nicht als Ersatz oder Garant für charakterliche Qualität gesehen. Ein Mensch mit christlichem Glauben ist damit nicht automatisch vertrauenswürdiger. Stattdessen steht - scheinbar unabhängig vom Glauben - die Persönlichkeit des anderen im Mittelpunkt. Und diese sieht der Interviewpartner als stabil an. *„Du änderst dich nicht wirklich"* (I1, S. 6). Christlichem Glauben wird also kaum oder nur eine stark eingeschränkte Wirkung auf den Charakter und damit auch auf betrieblich-organisationales Handeln einer Person zugeschrieben.

5.1.1.6 Frömmigkeit kann verdächtig sein

Statt vertrauensförderlich kann der Glaube des oder der anderen sogar *äußerst verdächtig* (I1, S. 3) wirken.

> **Führungskraft 1:** Und dann war mal eine Überfromme da. Zum Glück nicht lange. [...] Geht alles in Maßen, aber es war eben übertrieben. Die hatte ständig so 'nen frommen Schrott auf der Zunge gehabt, **was gar nicht ihrem Leben entsprechen konnte.** (I1, S. 2)

Als übertrieben erlebte Frömmigkeit löst demnach nicht Vertrauen aus, sondern der Unternehmer erlebt sie im Gegenteil, als *äußerst verdächtig*.

> **Führungskraft 1:** Das heißt, wir hatten uns vorneweg getäuscht, die war nur … gutes Auftreten, war 'ne hübsche Frau und … Aber der fromme Schrott, das ist mir schon gleich beizeiten äußerst verdächtig gewesen. Weil ich so was gar nicht mag.
>
> **Interviewer**: Also, wenn sie zu aufdringlich fromm sind, verstehe ich, das ist noch nicht mal unbedingt vertrauensförderlich …
>
> **Führungskraft 1**: (fällt ins Wort) Gar nicht.
>
> **Interviewer**: … sondern eher noch was, das du suspekt fandest.
>
> **Führungskraft 1:** Du musst, wenn's drauf ankommt in meiner Situation, da müssen die Leute merken: Ach ja, der glaubt das wirklich. (I1, S. 3)

Vertrauenswürdig wird ein Mensch nur dadurch, dass sich sein Glaube in Situationen, *wo es drauf ankommt,* auch zeigt. Genau an dieser Stelle wird das Problem mit der „Überfrommen" gesehen:

> **Führungskraft 1**: Was die dort abgedrückt hat im Betrieb, das war nur Mist!
>
> **Interviewer**: Also fachlich?
>
> **Führungskraft 1**: Fachlich, vor allem auch menschlich, nicht …Menschlich: gar nichts. (I1, S. 2)

Damit wird auch deutlich, was einen Menschen zu einem *Überfrommen* macht. Der Gradmesser für die Angemessenheit von Frömmigkeit zeigt sich im Zitat von S. 60: Es muss *dem Leben entsprechen* können (I1, S. 2). Als Selbst- und Fremdanspruch formuliert es dieser Unternehmer an anderer Stelle:

> **Führungskraft 1**: Die Werte der Bibel und unseres Glaubens müssen schon vorkommen, aber die muss ich nicht ständig auf der Zunge führen. (I1, S. 3)

Damit ein christliches Bekenntnis vertrauensstiftenden Wert gewinnen kann, muss demnach die Entsprechung zwischen Selbstanspruch und Handeln erkennbar sein. Was als vertretene Theorie geäußert wird, muss auch umsetzbar sein. Ist das nicht der Fall, handelt es sich um *frommen Schrott* und wenn dieser geäußert wird, schafft das nicht Vertrauen, sondern ist *verdächtig*.

Auch Führungskraft 4 beklagt sich über einen christlichen Mitarbeiter, dessen schlechte Arbeitsmoral nach Ansicht der Führungskraft im Missverhältnis zu frommen Äußerungen steht:

> **Führungskraft 4:** Ja, solche Sachen kommen. Dann hat er auch früher, wo er woanders gearbeitet hat … ‚Wo was Schwieriges war, da hab ich versucht, mich zu drücken. Sollen's die anderen doch machen.' Und dann auf der anderen Seite: ‚Wenn ich meinen Glauben nicht hätte!' Ich möcht' schon manchmal fragen, an was er glaubt, oder was. (I4, S. 4)

Einerseits können sich Äußerungen und tatsächliches Verhalten unterscheiden. Andererseits wird selbst die Gruppe der Christen nicht als homogen wahrgenommen. Andere Christen und deren Frömmigkeit werden sogar verbal abgewertet.

> **Führungskraft 1:** […] Uns sind zum Glück die schlimmen Beispiele erspart geblieben, aber das hat's auch gegeben, was ich dir auch schon mal gesagt habe. Das ist, da wo der Schweizer mal sagte …
>
> **Interviewer**: … ich will keine Frommen haben.
>
> **Führungskraft 1:** Er sagte: ‚Nee, ich will keine, weil das so verknaazte und komische Leute sind. Es gibt ja auch alles. Ich lese, die IDEA [christliche Zeitschrift, Anm. d. Verf.], so diagonal. Bin ich auch nicht einverstanden. Aber da siehst du erst einmal, was es alles so gibt (lacht) unter den Heiligen. Oh weh, das ist schon krass. (I1, S. 7)

Christliche Theologie, christliche Gemeinden und Gruppierungen sind durchaus heterogen. Dieses heterogene Feld zum Teil sehr unterschiedlicher christlicher Gemeinschaften bringt demnach auch *verknaazte und komische Leute* hervor. Die Äußerungen bieten sich aufgrund Ihres emotionalen und wertenden Gehalts zur Vertikalanalyse an.

5.1.1.7 Vertikalanalyse 1: Integrität und das „christliche" Arbeitsethos

Sprachlich fällt die Art und Weise auf, wie über andere christliche Gläubige gesprochen wird. Beispielsweise tauchen die Begriffe und Narrationen zu der *Überfrommen* und der *Pflaume* wiederholt im Interview auf. Die Sprache legt eine starke, emotionale Beteiligung der Sprecher nahe. Deshalb soll hier vertikalanalytisch untersucht werden, was die Bedeutungen dieser Aussagen sein könnten, d. h. welche latenten Muster diese „Dokumente" hervorgebracht haben könnten. Im szenischen Verstehensmodus lässt sich an dieser Stelle fragen: Wie wird worüber gesprochen? Es wird über bestimmte Mitarbeiter geredet, deren Handeln fachlich und menschlich als ungenügend bewertet wurde. Dabei fällt – ebenso wie bereits in der Diskussion auf S. 53 um die „fromme Pflaume" angedeutet – der abwertende Charakter in der Kommunikation auf. Dieser Begriff beispielsweise verdinglicht den betreffenden Menschen. Einerseits ist die Mitarbeiterin „überfromm" und ihre Äußerungen sind *frommer Schrott*, andererseits sind Christen teilweise *verknaazte und komische Leute*. Szenisch betrachtet wäre es möglich, diese Formulierungen als Bemühung um Verständnis und Zustimmung des Interviewenden für die Kündigung der *überfrommen* Mitarbeiterin zu interpretieren. Tiefenhermeneutisch könnte die Kommunikationsintention eine Grenzziehung darstellen: „Sieh an, *wir* beide sind vernünftig gläubig, aber *die* hat's übertrieben. Bei *uns* stimmen Reden und Tun überein, bei *der* aber nicht.'

> **Führungskraft 1**: Die hatte ständig so 'nen frommen Schrott auf der Zunge gehabt, was gar nicht ihrem Leben entsprechen konnte. (I1, S. 2)

Konsonanz wird als wichtig betrachtet. Die Selbstdarstellung zeichnet ein Bild von Übereinstimmung persönlicher Überzeugungen mit eigenem Handeln. Im Sinne Festingers (1957/1978, S. 16) erscheint eigenes Handeln als konsonant, das der „Überfrommen" hingegen als dissonant. Mit den Begrifflichkeiten von Argyris & Schön formuliert, fallen bei der „Überfrommen" die vertretene Theorie („Aktionstheorie, die vorgebracht wird, um ein bestimmtes Aktivitätsmuster zu erklären"; ebd., S. 29) und die handlungsleitende Theorie („Aktionstheorie, die in der Durchführung des Aktionsmusters stillschweigend enthalten ist"; ebd., S. 29) auseinander. Damit ist auch Integrität im Sinne von Mayer et al. fraglich, d. h. ob der Vertrauensempfänger „bestimmten Prinzipien treu ist, die der Vertrauende bejaht" (Mayer et al., 1995, S. 719, Übers. d. Verf.). Auch wenn es vordergründig abgelehnt wird, so klingen dabei doch besondere Erwartungen diesbezüglich an christliche Arbeitnehmer durch (vgl. S. 62):

> **Führungskraft 4**: ‚… wo was Schwieriges war, da hab ich versucht, mich zu drücken. Sollen's die anderen doch machen.' Und dann auf der anderen Seite: ‚Wenn ich meinen Glauben nicht hätte!' Ich möcht' schon manchmal fragen, an was er glaubt, oder was. (I4, S. 4)

Dies klingt auch in einem anderen Interviewausschnitt an (vgl. S. 58):

> **Führungskraft 1**: Weil die … weißt du was, die haben sich so von uns, von dem Betrieb entfernt, und wenn die da mal die Bibel aufschlagen würden, wie sie eigentlich das machen müssten, dann würden sie das alles haben, und wenn das nicht reicht, dann hab ich nur eine Konsequenz: Raus. (I1, S. 6)

Spezielle Erwartungen an christliche Arbeitnehmer sind es möglicherweise, welche die besondere Enttäuschung über andere Christen und die Ablehnung von deren Frömmigkeit mit auslösen. Dies wären im ersten Fall *Verantwortungsbereitschaft* und im zweiten *Loyalität*, im Fall der „Überfrommen" *soziale Kompetenz,* im Fall der „frommen Pflaume" *fachliche Kompetenzen* (vgl. Tabelle 3). Möglicherweise führen Enttäuschungen dieser Erwartungen zu besonderer Abwertung des Glaubens der Person, aber auch zur Erkenntnis, dass christlicher Glaube doch kein Garant für gute Persönlichkeitseigenschaften bzw. Eignung für verschiedene Stellen ist. Das Nicht-Auftreten dieser Eigenschaften wird als Defizit in der christlichen Identität des anderen und damit als mangelnde Integrität gedeutet. Dies steht im Zusammenhang mit dem Selbstanspruch zur Integrität eigenen Handelns bei den Führungskräften, wie noch zu sehen sein wird (S. 83ff.). Generell ist die Übereinstimmung von „christlichen" Äußerungen und tatsächlichem Handeln ein entscheidender und neuralgischer Punkt in dem Verhältnis zwischen Führungskräften und ihren Mitarbeitern. Liegt sie nicht vor, reagieren die Führungskräfte mit einer Tendenz der Abwertung, inklusive der Abwertung der Glaubensüberzeugungen der anderen Person. Psychoanalytisch betrachtet könnte der abwertende Charakter der Formulierung auch dadurch zustande kommen, dass in den Dissonanzen der anderen möglicherweise eine Repräsentation eigenen Konflikts im Ringen um Integrität - inklusive eines eigenen „christlichen" Arbeitsethos - auftritt. Das Ringen um Konsistenz in Reden und Handeln ist den Führungskräften selbst bewusst und dieser Anspruch wird als problematisch beschrieben (siehe S. 83). Tritt Dissonanz bei anderen auf, werden diese Personen abgewertet. Es findet sich hier möglicherweise hintergründig die Figur emotionaler Selbststabilisierung durch Fremdabwertung. Psychologisch betrachtet mag darin auch eine „Notrettung" des eigenen Glaubens bestehen, indem eine Grenze zu einer Gruppe von *Überfrommen* gezogen wird. Möglicherweise dienen diese Formulierungen darüber hinaus zur Selbstrechtfertigung und sind Beitrag in der Erzählung eines „Mythos vom gerechten und erfolgreichen Unternehmer": Mitarbeiter werden nur entlassen, wenn sie schlecht arbeiten. Die Abwertung anderer Christen als *verknaazte und komische Leute* dient möglicherweise auch szenisch als Schutz vor Abwertung durch den Forschenden in der Rolle des Wissenschaftlers oder - ebenfalls szenisch - der Vorbeugung von Fragen eigenen integren Verhaltens. Untermauert mit zusätzlichem Material finden sich ab S. 82 und S. 85 weitere Schlüsse. Zunächst folgen jedoch ergänzende Ergebnisse der Horizontalanalyse um die entsprechenden Themenfelder zu beschreiben.

5.1.1.8 Grad und Art der Religiosität spielen eine untergeordnete Rolle

Aus der Vertikalanalyse wird deutlich, dass geäußerte, „christliche" Überzeugungen umsetzbar sein sollen und umgesetzt werden müssen, wenn christlicher Glaube die Vertrauenswürdigkeit einer Person stützen soll. Die Definition „christlich" bleibt dabei nicht völlig frei dem Mitarbeiter überlassen, sondern orientiert sich an einem bestimmten Arbeitsethos der Führungskraft als Referenzrahmen. Es findet eine Exklusion sowohl der *Überfrommen* statt als auch der *Kirchlichen* (wohl gemeint als „Liberale").

> **Führungskraft 2:** Also, wenn ich jetzt alles nur Christen im Betrieb hätte, wär vielleicht auch ganz gut, aber da erreich ich niemand. Hab natürlich auch Christen im Betrieb mit, das muss ich auch sagen.
>
> **Interviewer:** Wie viele davon sind Christen?
>
> **Führungskraft 2:** Drei von zehn. Also richtig bewusste Christen, sag ich mal, die anderen sind kirchlich. Das ist manchmal schwieriger, bei denen was zu erreichen, weil die denken, das ist ja alles richtig, ist ja gut, ich geh vier Mal im Jahr in den Gottesdienst, Weihnachten feiern wir, und Ostern, ist doch schön, aber - geht nicht in die Tiefe.
>
> **Interviewer:** Hast du auch […] Atheisten oder so?
>
> **Führungskraft 2:** Ja, das hab ich auch. Gerade die eine Frau. Ich komm mit ihr wunderbar aus, aber an dem Punkt … wir brauchen keinen Gott. Und das Leben geht zu Ende, das ist normal. Und da musst du es einfach stehen lassen. Da kannst du wenig sagen. (I2, S. 2f.)

Christliche Führungskräfte differenzieren also durchaus nach der Couleur christlicher Überzeugungen und zudem der Intensität der Religiosität. Den *„richtig bewussten Christen"* stehen die *„Kirchlichen"* gegenüber. Auch Fragen der Lebensführung, wie die Haltung zur Ehe, sind für diese Führungskraft Teil der Definition des christlichen Glaubens. Weitere Bereiche sind der Umgang mit Tabak und Alkohol. Diese werden aber für Vertrauen in betrieblichen Belangen als nicht bedeutungsvoll beschrieben. Für die betriebliche Wirklichkeit reicht für aus ihrer Sicht aus, dass sie *„einen Hintergrund haben von fromm" (I3, S. 1)*. Und um „evangelisch" zu sein, muss man kein offenes Bekenntnis „vor sich her tragen": *„Die meisten sind evangelisch, auch wenn sie es nicht laut vor sich hertragen" (I4, S. 6)*.

Sowohl die Intensität als auch die Couleur christlicher Überzeugungen wirken also nachrangig auf Vertrauen. Wichtiger als diese sind die Übereinstimmung von Reden und Tun; einschränkend gelten hier wieder die stillen Erwartungen an die Mitarbeiter durch die Führungskräfte basierend auf einem „christlichen" Arbeitsethos. Christlichem Glauben wird also auf bewusster Ebene nur ein nachrangiger Einfluss auf die eigene Einschätzung von Vertrauenswürdigkeit zugemessen. Hintergründige und unbewusste Wirkungen wurden bereits in der Vertikalanalyse erkennbar. Darüber hinaus wird dem christlichen Glauben auch explizit Wirkung zugemessen, wie im folgenden Abschnitt deutlich.

5.1.2 Vertrauenssteigernde Wirkung des Glaubens anderer

Obwohl christlichem Glauben nur nachrangige Bedeutung zugemessen wird und christlicher Glaube den *Charakter* nicht verändert, rechnen einzelne Führungskräfte bewusst und unbewusst dennoch mit bestimmten Eigenschaften und Wirkungen des Christseins (vgl. Tabelle 3). Sie stellen daher gezielt zum Teil christliche Mitarbeiter ein.

Tabelle 3

Besondere Erwartungen speziell an christliche Mitarbeiter (Arbeitsethos)

Unbewusste Erwartungen (vgl. Vertikalanalyse 1, S. 64)
- Verantwortungsbereitschaft
- Loyalität
- soziale Kompetenz
- fachliche Kompetenzen
Bewusste Erwartungen (vgl. folgende Abschnitte)
- positive Wirkung auf das Betriebsklima
- Ehrlichkeit und Vergebungsbereitschaft
- beschleunigter Vertrauensprozess

5.1.2.1 Christen wirken auf das Betriebsklima

Christliche Führungskräfte rechnen damit, dass sich der (christliche) Glaube ihrer Mitarbeiter positiv auf ihr Verhalten gegenüber Kollegen und damit das Betriebsklima auswirkt.

> **Führungskraft 3**: Ich hatte höchstens ein oder zwei. Ein bis zwei, die nicht Christen waren. Das hat sich einfach so ergeben. Aber da muss ich ganz ehrlich sagen: Ein bis zwei Leute kannste noch verkraften, auch vielleicht drei, wenn du noch 15 andere hast, die fromm sind. Dann tut sich das vermischen, bzw. tun die dann im Frühstückssaal und -raum und wenn die so … dann tun die auch andere Gespräche führen, nicht dass die anderen die Oberhand gewinnen. Und das ist nachher nicht gut. Das ist fürs Betriebsklima nicht gut. Also da hab ich schon ein bisschen Wert drauf gelegt. Aber überdies, so 'ne ähnliche Strategie hat z. B. auch der P. [anderer Autohausbesitzer] gefahren. Der hat zu DDR-Zeiten schon immer fromme Leute, meistens Bibelforscher. Die Bibelforscher, die waren ja treu und haben auch immer gut gearbeitet. Und hatte auch nie Probleme mit dem Mausen [stehlen, Anm. d. Verf.] oder Stellen oder sonst was. (I3, S. 10)

Führungskraft 3 findet es für das Betriebsklima „nicht gut", wenn „die anderen die Oberhand gewinnen". Er benutzt damit die Metapher eines Ringkampfes um einen Wettkampf zu beschreiben. Worum wird gekämpft? Weltanschauungen? Wertesysteme? Konkret benennt der Unternehmer, dass dann *im Frühstücksraum auch andere Gespräche* geführt werden (I3, S. 10). Ähnliches äußert auch Führungskraft 2 in Antwort auf die Frage, ob sie Christen für die besseren Arbeitnehmer halte mit

> **Führungskraft 2**: Nein, Christen sind nicht unbedingt die besseren Arbeitnehmer, aber sie sind gut fürs Betriebsklima. (I2, nach Ende der Aufzeichnung, Postskriptum 2, S. 1)

Demnach halten diese beiden Unternehmer den religiösen Aspekt im Leben der Mitarbeiter in der Entwicklung des Unternehmens durchaus im Blick - und erwarten positive Wirkungen auf das Betriebsklima. Eine interessante Fragestellung wäre die Untersuchung der Art des Einflusses von christlichen Arbeitnehmern auf das Betriebsklima. Diese muss hier jedoch unbearbeitet bleiben.

5.1.2.2 Ehrlichkeit und Verständigungsbereitschaft als Vorteil bei Christen

Neben den positiven Auswirkungen auf das Betriebsklima - oder als Teil dessen - schreibt eine Führungskraft christlichen Mitarbeitern zwei besondere Eigenschaften zu. Zum einen erwarten sie bei ihnen besondere Ehrlichkeit und zum anderen, dass es möglich ist, „sich die Hand zu geben, wenn man einmal aneinander gerät":

> **Führungskraft 3**: Ja von der christlichen Ethik aus und Moral aus, ist es ja so, dass erst mal schon grundsätzlich eine Ehrlichkeit vorausgesetzt wird. Und auch dass man, wenn man mal aneinander gerät, doch auch immer wieder austauschen kann und sich die Hand geben kann. (I3, S. 1)

Sowohl Wahrheit als auch Vergebungsbereitschaft spielen eine zentrale Rolle in christlicher Ethik. Eine Führungskraft ist auf verlässliche Informationen angewiesen, um gute Entscheidungen treffen zu können. Laut Alter (2008, S. 114) beschädigt schlechte Informationstätigkeit Vertrauen. Unbestritten ist eine Kultur des offenen internen Informationsaustausches ein zentraler Faktor für eine erfolgreiche Unternehmenskultur. Zum anderen ist die prinzipielle Bereitschaft zu echter Vergebung eine Voraussetzung für langfristig stabile und positive Arbeitsbeziehungen. Wo sie nicht vorliegt, nimmt möglicherweise intrigantes Verhalten langfristig überhand, was weder dem Organisationsziel (Leistungserbringung) noch dem Wohlbefinden der Beteiligen am Arbeitsplatz dienlich ist. Wo es darum geht, alte persönliche Rechnungen zu begleichen, rückt das Arbeitsanliegen schnell in den Hintergrund. Ehrlichkeit und Verständigungsbereitschaft erwarten die befragten Führungskräfte besonders bei christlichen Mitarbeitern.

5.1.2.3 Gemeinsamer Glaube als Vertrauensbeschleuniger

Führungskraft 1 formuliert eine Theorie der Wirkung des Glaubens für den Prozess der Vertrauensentstehung selbst.

> **Führungskraft 1:** Eigentlich ist der christliche Glaube eine gute Sache, die das Vertrauen beschleunigt. (I1, S. 1)

Er verkürzt die Phase des „Ausprobierens", ob der anderen Person vertraut werden kann. Zwar gehen - wie bereits beschrieben - *durch unseren christlichen Glauben nicht alle unsere schlechten Charaktereigenschaften flöten* (I1, S. 1). Entsprechend nimmt diese Führungskraft das Bekenntnis anderer zum christlichen Glauben nicht per se als Garantie für gute Charaktereigenschaften. Stattdessen ist sie aber bereit, auf Basis des Glaubens der anderen Person den Vertrauensbildungsprozess zu verkürzen. Im Luhmann'schen Denkschema ließe sich postulieren, dass mit dem christlichen Glauben die „klein dosierten" (Luhmann, 2000, S. 56) riskanten Vorleistungen etwas größer sein können und damit weniger Iterationsschritte nötig wären, um zu einem bestimmten Level des Vertrauens zu gelangen - erfolgreiche Vertrauens- oder Misstrauensentscheidungen lassen sich früher treffen. Christlicher Glaube bei anderen ersetzt also den Vertrauensprozess nicht, sondern verkürzt ihn möglicherweise auf diese Weise. *Der Einfluss des christlichen Glaubens auf Vertrauen bezieht sich damit vorrangig auf den* Prozess *der Vertrauensbildung. Diese Erkenntnis ist der zentrale Schlüssel zum Verständnis der Äußerungen und zur Denkweise der befragten christlichen Führungskräfte.*

5.1.2.4 Christlicher Glaube beeinflusst die Personalstrategie

Bei Klein- und Kleinstunternehmen ist zu erwarten, dass sich persönliche Vertrauensstrategien auf die Personalauswahlstrategie auswirken. Immerhin ist das Einstellen eines Mitarbeiters oder einer Mitarbeiterin immer auch ein Akt des Vertrauens. Unter der Perspektive der Kündigung wurde diese Frage bereits zum Teil beleuchtet (S. 56ff). Dort wird die Qualität die Arbeitsleistung in den Mittelpunkt gestellt, wobei dennoch unbewusst religiöse Faktoren eine Rolle spielen.

Wird dem religiösen Aspekt im Auswahlprozess Beachtung geschenkt, und, wenn ja, in welcher Art? Stellen die befragten christlichen Unternehmer mit Vorliebe „christliche" Mitarbeiter ein? Dass dies mit Einschränkungen der Fall ist, wurde bereits angedeutet. Konterkariert das Allgemeine Gleichbehandlungsgesetz (AGG) mit seiner Forderung nach „Gleichbehandlung" möglicherweise die Personalstrategie dieser Unternehmer? Hier spricht aus den Schilderungen der Unternehmer eine unterschiedliche Haltung. Während einige dem christlichem Glauben keine besondere Rolle für die Personalauswahl zumessen, berichtet eine Führungskraft davon, möglichst Personen eingestellt zu haben, die sie bereits kannte und die einen christlichen Hintergrund hätten.

> **Führungskraft 3**: Ich hab meistens versucht, auch aus dem näheren Bekanntenkreis, aus Kirchgemeinde, aus S. [Stadt, Anm. d. Verf.], nicht ganz so weit weg. (I3, S. 2)

Kenntnis der Person im Voraus reduziert das Risiko von Fehlentscheidungen. Daher die Suche im erweiterten Bekanntenkreis des kleinstädtischen Milieus und der Gemeinde.

> **Interviewer**: Und warum war es wichtig, dass du die Leute gekannt hast?

> **Führungskraft 3**: Ja, das ist ... da schaff ich mir ja schon weniger Probleme, als wenn du dich erst mal mit den Leuten zusammenbeißen musst. Weil ja jeder Charakter ist anders, jeder hat andere Macken, und jeder hat andere Stärken und Schwächen, und aus diesem Grund wusste man dann schon ungefähr: Na ja, also der könnte ein bisschen reinpassen. Und dann hab ich die Leute zum Gespräch gebeten, dann hab ich mit denen da drüber gesprochen, wie sie da dazu stehen. Und dann horch ich mal so am Rande mit, wie es so in der Gemeinde geht, nicht ganz direkt, aber so halb direkt, und dann hat man schon gemerkt, was für Geistes Kind er ist. Ob er da in den Betrieb hineinpasst, und so, ne. Ich mein, man hat dadurch keine hundertprozentige Garantie, aber man hat eine achtzigprozentige Garantie, dass das dann besser läuft.
>
> **Interviewer**: Wenn man vorneweg schon aus dem Bekanntenkreis ...
>
> **Führungskraft 3**: Ja, aus dem Bekanntenkreis, und die wiederum von den eigenen Arbeitsleuten, die man da hat, sagen: Mensch, kennst du jemand, der irgendwie und so weiter und so fort? Würdest du mir den empfehlen, und wenn, könntest du dir vorstellen, mit dem zusammenzuarbeiten? (I3, S. 2)

Vorherige Kenntnisse über die Person und systematischer Einsatz einer solchen Ressource (Gespräch mit Mitarbeitern und externen Freunden über mögliche Kandidaten) gibt Gewähr, *dass es dann besser läuft*. Christliche Gemeinde tritt hier als soziales Netzwerk in Erscheinung. Auch Informationen über den weltanschaulichen Hintergrund ließ diese Führungskraft mit in ihre Auswahlentscheidungen einfließen.

> **Führungskraft 3**: Dann hab ich wirklich darauf geachtet, aus welchem Elternhaus sie kommen und ob sie fromm sind. Also wenn sie einen Hintergrund haben von fromm. Den Grad der Frömmigkeit hab ich da unberücksichtigt gelassen. Aber dass man wenigstens wusste, dass ein Fundament da ist. (I3, S. 1)

Als offizielle Personalauswahlstrategie wäre diese Strategie möglicherweise spätestens seit der Einführung des AGG 2006 juristisch angreifbar. Als Gesamtstrategie stellt sie sich für diese Führungskraft jedoch als durchaus wichtig für erfolgreiche Personalentscheidungen dar:

> **Führungskraft 3**: Man hat dadurch keine hundertprozentige Garantie, aber man hat eine achtzigprozentige Garantie, dass das dann besser läuft. (I3, S. 2)

Führungskraft 1 meint zwar einerseits, dass der Glaube für die Vertrauenswürdigkeit einer Person keine Rolle spielt und betont deren

Tüchtigkeit. Andererseits sind die Hauptverantwortungsträger in seinem Betrieb Christen.

> **Führungskraft 1**: Die Leute, die was zu sagen haben, sind Christen. Bis auf einen. (I1, S. 13)

Führungskraft 2 dagegen verortet - wie unter 5.1.1 dargestellt - die Rolle der Weltanschauung in den Hintergrund. Der menschliche Aspekt sowie handwerkliches Geschick stehen für diesen Unternehmer im Vordergrund.

> **Führungskraft 2**: [...] Also, ich stelle nicht nur nach Zensuren ein. Weil die sind nicht unbedingt das Primäre.
>
> **Interviewer**: Sondern ...
>
> **Führungskraft 2**: Das ist das Menschliche, auch wie sie sich einbringen und wie sie Interesse zeigen und wie sie handwerklich. [...] (I2, S. 2)

Hier ließe sich natürlich fragen, was sich hinter dem Begriff des *Menschlichen* verbirgt, ob sich dort möglicherweise die Vertrautheit gemeinsamer christlicher Werte verborgen hält. Indizien dafür finden sich im weiteren Verlauf des Interviews:

> **Führungskraft 2:** [...] Also, ich habe zum Beispiel einige, die haben jetzt nicht so die christlichen Werte, die ich habe. Und trotzdem nehme ich die aber, weil sie gute Arbeiter sind. Ich meine, ich bin letztendlich nicht für ihr Leben verantwortlich. Also, ich kann nicht sagen, dass - ich habe drei, die leben halt mit normalen Partnern zusammen, keine Ehe und nichts, da kann ich nicht sagen: Ich nehme euch nicht. Am Anfang hab ich ein bisschen mehr drauf geguckt, jetzt muss ich sagen, ist mehr mein Hintergedanke: Wenn sie bei mir sind und sehen, wie ich lebe, oder ich habe einen Einfluss auf sie, kann mal was sagen - beim Frühstück haste immer Gespräche über alles Mögliche - und dann kannste sagen: Na ja, ich denk aber so. Oder wo sollen sie das sonst hören? **Also, wenn ich jetzt alles nur Christen im Betrieb hätte, wär vielleicht auch ganz gut, aber da erreich ich niemand.** Hab natürlich auch Christen im Betrieb mit, das muss ich auch sagen. [...] Also **Werte ja, aber nicht vorrangig**. Wichtig jetzt für Einstellungen. Also, wenn jetzt einer käme und ich würde merken, der ist jetzt totaler Alkoholiker oder hat ein zügelloses Leben, da würde ich schon erst einmal gucken, oder der raucht wie ein Schlot, da würd ich sagen: Bei uns ist Rauchverbot in der ganzen Firma. Und denken Sie, dass Sie das durchhalten? Da würde ich schon mit gucken. Aber das wäre nicht Nummer eins. (I2, S. 2)

Eine Rolle für Personalauswahlentscheidungen spielen die Werte also durchaus, wenn auch keine ausschlaggebende. Bedeutsam ist stattdessen, ob jemand *ein guter Arbeiter* ist. Führungskraft 2 formuliert zudem den Wunsch, den betrieblichen Kontext so gestalten zu können, um für den eigenen Glauben zu werben. *Wenn ich nur Christen im Betrieb hätte, erreich ich niemanden.* Nicht oder anders gläubige Bewerber hätten in diesem Falle weder einen Nachteil noch einen Vorteil aufgrund ihrer Weltanschauung.

Der christliche Glaube hat für die befragten Führungskräfte zudem weitere Implikationen, die deren Personalarbeit systematisch beeinflussen. Es handelt sich um erlebte Verpflichtungen durch Selbst- und Fremdansprüche und wird in der dritten Erfahrungsdimension beschrieben (S. 81).

5.1.3 Zusammenfassung: Christlicher Glauben hat nachrangig Wirkung auf Vertrauen

Aus diesen Äußerungen der Interviewten lässt sich die Erkenntnis gewinnen, dass diese dem christlichen Glauben eine nachrangige Wirkung auf eigenes Vertrauen zumessen. Als vorrangig beschreiben sie dagegen die konkrete Qualität des Arbeitshandelns der Person sowie deren menschlichen Umgang. In diesen vorrangigen Faktoren dürften sich die Eigenheiten des betrieblichen Kontextes widerspiegeln, in dem die diskutierten Vertrauensbeziehungen stattfinden. Auch erlebte Persönlichkeitseigenschaften jenseits religiösen Bekennens (die „Chemie“) spielen eine wichtige Rolle für Vertrauen. Charaktereigenschaften wirken stark und unabhängig von religiösen Überzeugungen. Das Verhältnis von Arbeitsleistung bzw. -qualität und dem christlichen Bekenntnis der anderen Person ist jedoch nicht unproblematisch, was an Abwertungstendenzen in der Sprache (*Überfromme* oder *fromme Pflaumen*) deutlich wird. Es stellt sich so dar, dass unbewusst dennoch besondere Erwartungen bezüglich *Verantwortungsbereitschaft, Loyalität, soziale Kompetenz* und *fachliche Kompetenzen* gegenüber anderen Christen bestehen, denn diesbezüglich sind die Enttäuschungen über schlechte Arbeit und schlechten Umgang am größten. Das äußert sich im emotionalen Gehalt der Sprache. Auch gibt es Widersprüche zwischen den Aussagen; das Erleben von Glauben und Vertrauen ist ambivalent. Dies spiegelt sich ebenso bei Kündigungen wider, die generell schwerfallen, zuerst bei guter Arbeitsleistung, nicht bei schlechter Arbeit, wohl aber auch bei gemeinsamer Religion. Die implizite Unterscheidung zwischen Bekenntnis (vertretenen Theorien) und tatsächlichem Handeln (handlungsleitenden Theorien) verschafft den Befragten ein differenziertes Verhältnis zur Rolle des Glaubens im Betriebskontext. Überstarke, nicht erfüllbare Einstellungen werden als bedrohlich erlebt und abgewertet. Die Heterogenität der christlichen Glaubensüberzeugungen mag dazu beitragen, dass eher ein nachrangiger Zusammenhang zwischen dem christlichen Glauben anderer und dem eigenen Vertrauen beschrieben wird. Obwohl weitere Faktoren bei der Vertrauensbildung im Vordergrund gesehen werden - möglicherweise als Folge von Enttäuschungserfahrungen - messen die Unternehmer christlichem Glauben in verschiedenem Umfang auch Einfluss auf die Vertrauenswürdigkeit zu.

Gemeinsamer Glauben hat Wirkung auf Vertrauen, wenn auch nachrangig. Diese Wirkung sehen die befragten Führungskräfte im positiven *Einfluss auf das Betriebsklima*, grundlegender *Ehrlichkeit* und *Bereitschaft zur Vergebung*, wenn man aneinandergerät. Diese Vorteile wiegen für Einzelne immerhin so stark, dass sie gezielt christliche Mitarbeiter einstellen. Andere stellen ihre Belegschaft bewusst gemischt zusammen. Für den Fall von Kündigungen beschreiben sie, dass solche ihnen insbesondere dann schwerfallen, wenn die betroffenen Mitarbeiter sich durch gute Arbeit ausgezeichnet hätten; auch hier spielt die Religionszugehörigkeit eine nachrangige Rolle. Ihre Rolle ist nicht statischer Natur, sondern sie beeinflusst die Geschwindigkeit des Vertrauensbildungsprozesses. Diese Prozesse werden im nächsten Teilkapitel beschrieben. Zuvor lässt sich folgendes *Zwischenfazit* ziehen: *Die Führungskräfte sehen den christlichen Glauben von Mitarbeitern als Faktor an, der die Vertrauensentwicklung beschleunigen kann.*

5.2 Erfolgreiche Vertrauensentscheidungen als Resultat klugen Vorgehens

Die Führungskräfte diskutierten in den Interviews einerseits Vertrauen in Bezug auf den christlichen Glauben und andererseits die Entstehung und Wirkung von Vertrauen *unabhängig* vom Glauben. Auch wenn die Frage jenseits des eigentlichen Kerns der Fragestellung liegt, soll den Erörterungen an dieser Stelle Raum gegeben werden. Sie setzen die beschriebenen Überzeugungen bezüglich christlichen Glaubens und Vertrauens ins Verhältnis zu allgemeinen Vertrauensüberzeugungen. Zuvor steht jedoch die Bedeutung von Vertrauen für die Unternehmensführung im Mittelpunkt.

5.2.1 Vertrauen ist notwendig

Welche Rolle spielt Vertrauen an sich im betrieblichen Kontext aus Sicht der Führungskräfte überhaupt? Für verschiedene Bereiche des Führungsalltags sehen die Führungskräfte die Notwendigkeit zu vertrauen. Da ist einerseits eine begrenzte Kontrollmöglichkeit zu nennen und andererseits die Bedeutung von Vertrauen für das Delegieren oder auch einen Generationenwechsel im Unternehmen.

5.2.1.1 Man hat's nur an zwei Zipfeln

Die Führungskräfte beschreiben, dass sie betriebliches Geschehen niemals vollständig steuern und auch überwachen können.

> **Führungskraft 3**: Alles an allen vier Zipfeln, das hast du nicht. Du hast's nur an zweien. (I3, S. 8)

Hier wird das Geschehen im Unternehmen und Geschehen im Bezug zu seiner Umwelt mit der Metapher eines Tischtuchs beschrieben. Mit *zwei Zipfeln* hat man einen gewissen Grad an Kontroll- und Steuerungsmacht, aber die beiden anderen Zipfel sind lose, ein Ausdruck dafür, dass das System „Betrieb“ nur begrenzt steuerbar ist. Es drängen sich die Bezüge zu Luhmanns theoretischer Konzeption geradezu auf. Die Funktion von Vertrauen ist die Reduktion sozialer Komplexität und damit zu sinnvollem Handeln in (prinzipiell) nicht kontrollierbaren, sozialen Systemen. Wo Steuerung und Kontrolle nicht möglich sind, wird Vertrauen nötig, aber auch der Raum für Fehler eröffnet sich. Führungskraft 3 nennt an anderer Stelle als Beispiel schlechte Investitionsentscheidungen durch Mitarbeiter, die gelegentlich auftreten können und sich seiner Ansicht nach nie vollständig ausschließen lassen. Aber auch darüber hinaus wird dem Vertrauen in Mitarbeiter eine wichtige Rolle zugeschrieben. Bereits die korrekte fachliche Arbeit ist essenziell wichtig:

> **Interviewer**: Welche Rolle spielt denn Vertrauen für dich oder hat denn Vertrauen im Umgang mit Mitarbeitern überhaupt gespielt?
>
> **Führungskraft 3**: Ja, ein großes, ein großes. Vertrauen. Man musste sich schon auf die Mitarbeiter verlassen können, und das ging schon beim Lehrling los. Wenn der gesagt hat: ‚Ich habe die Radmuttern angezogen‘, dann hat er sie angezogen. Und ich konnte mich darauf verlassen. (I3, S. 8)

Ein Meister kann nicht jedes Detail der Arbeit nachprüfen. Bei sicherheitsrelevanten Sachverhalten, wie angezogene Radmuttern, spielt die Vertrauensfrage eine existenzielle Rolle. Vertrauen ist für die Unternehmensführung von zentraler Bedeutung.

5.2.1.2 Delegieren und Generationswechsel setzen Vertrauen voraus

Mehrere Bereiche des Arbeitsalltags werden angesprochen, in denen Vertrauen eine wichtige Rolle spielt. Da ist zum einen der Bereich des Delegierens:

> **Führungskraft 1**: Also, wenn du dem, dem du was delegieren willst, nicht vertraust, kannst du's vergessen. Dann kannst du auch nicht delegieren. Du musst dem erst mal zutrauen, dass er's bringt, und dann musst du auch vertrauen, dass er's in deinem Sinne macht. (I1, S. 11)

Vertrauen wird demnach als Grundvoraussetzung für erfolgreiches Delegieren erlebt.

Dies gilt auch für einen Generationswechsel im Unternehmen. Die Bedeutung des ausscheidenden Geschäftsführers ist dabei zentral für einen gelingenden Übergang:

> **Führungskraft 1**: Wenn der Alte nicht will, wird's nie. Also, eine Betriebsübergabe hängt immer an dem Alten. Gibt's genug Sachen, wo die Alten die Jungen nicht ranlassen. Und ich hab genau das Gegenteil gemacht. Überall reingenommen. Das war ja auch gut für mich. Die Alten sind dann so dumm, dass die praktisch die Falten auf der Stirn haben, und die jungen liegen in der Sonne, und es muss umgekehrt sein. Wenn hier jemand in der Sonne liegt, bin ich das (lacht)! Und die wollen doch auch Verantwortung. Das geht doch dir auch so. Du willst doch Verantwortung, du willst doch merken: Der vertraut mir. Und willst das jetzt schaffen und machen. Das ehrt dich doch! Und mir geht's am besten damit. (I1, S. 10)

Das Wollen und Vertrauen des *Alten* ist dabei von zentraler Bedeutung. Als Strategie hierzu beschreibt die Führungskraft in diesem Zusammenhang die Taktik sukzessiver Verantwortungsübergabe und Delegation.

5.2.2 Vertrauen ist ein Prozess

Auch wenn Vertrauen nötig ist, sehen sich die Führungskräfte dieser Notwendigkeit nicht hilflos und wehrlos ausgeliefert. Vertrauen ist Teil von Verhaltensstrategien und somit ein instabiler Zustand in einem ständigen Prozess.

5.2.2.1 Vertrauen benötigt Grenzen und Kontrolle

Ein wichtiger Aspekt ist das Verhältnis von Vertrauen und Kontrolle. Auch in betriebswirtschaftlicher Ratgeberliteratur wird dies häufig diskutiert. Laut den Interviews benötigt Vertrauen Grenzen und Kontrolle. Eine Führungskraft beispielsweise beschreibt die Strategie zur Begrenzung des Vertrauensrahmens zum Schutz vor Missbrauch von übertragener Macht folgendermaßen:

> **Interviewer**: Woran hast du gemerkt, wenn du im täglichen Geschäft ... wenn du jemandem mehr Verantwortung übertragen kannst? Also auch im Sinne von, dass er dir wohlgesonnen ist [...]. Also, dass er die Macht, die du ihm gibst, nicht missbrauchen wird?
>
> **Führungskraft 3**: [...] Ich hab auch versucht, demjenigen die Macht, die ich ihm gegeben habe auch ein bisschen zu begrenzen. (I3, S. 6)

Machtbegrenzung ist hier also eine wichtige Strategie zum Selbstschutz. Sie ist ein Mechanismus, um so wenig wie möglich vertrauen zu müssen. Als Beispiel nennt er den Rabattrahmen, welchen er seinen Verkäufern auferlegte. Neben solcher Begrenzung von Macht spielt auch laufende Kontrolle eine wichtige Rolle.

> **Führungskraft 3:** Meine Arbeit hat sich auf mehr oder weniger laufende Kontrollen bezogen, dass ich dann immer mal wieder eingegriffen habe, wo ich dachte, dass es richtig war. (I3, S. 4)

Also, auch wenn Vertrauen eine *große Rolle* spielt, steht dieses Vertrauen doch für die Befragten nicht im Widerspruch dazu, Macht zu begrenzen und laufende Kontrollen im Geschehen auszuüben. Ähnlich beschreibt auch Führungskraft 1 ihr Vorgehen:

> **Führungskraft 1**: Und dann musst du es überwachen und gucken: Funktioniert das jetzt so? (I1, S. 10)

In dieser Strategie der stichprobenhaften Kontrolle findet sich empirische Evidenz für Luhmanns Konzept der symbolischen Kontrolle. Das Geschehen wird damit nicht als völlig unsteuerbar erlebt, sondern durch Kontrollen und Grenzsetzungen gestaltbar.

5.2.2.2 Interne und externe Beratung sind wichtige Ressourcen

Als wichtige Ressource für eigene Vertrauenssteuerung (z. B. wem im Betrieb Verantwortung übertragen oder wer neu eingestellt werden soll) beschreiben Führungskraft 1 und Führungskraft 3 die informelle, interne und externe Beratung über Mitarbeiter.

> **Führungskraft 3**: Und dann hab ich mich auch immer mal mit meinem Buchhalter beraten bzw. je nachdem, welche Sparte das war [...] und auch mit meiner Frau abends zu Hause. (I1, S. 3)

Mit dem Buchhalter wird dabei intern ein Vertrauter befragt und mit der Ehefrau eine externe Person. Auch für Personalauswahlentscheidungen wurde die Beratung von Mitarbeitern gesucht:

> **Führungskraft 3**: Würdest du mir den empfehlen? Und wenn, könntest du dir vorstellen, mit dem zusammenzuarbeiten? (I3, S. 2)

Der Sinn solcher internen Beratung lässt sich leicht erahnen. Da ist die Erhebung von möglicherweise entscheidungsrelevanten Informationen. Dadurch werden subjektives, interpersonelles Erleben sowie eigene Einschätzungen sozial validiert. Zudem wird damit gezielt soziales Wissen eigener Mitarbeiter erschlossen. Eine besondere Stütze dürfte dabei auch das kleinstädtische Milieu darstellen, in welchem Personen relativ lange am Ort wohnen und damit in recht großem Maße im Ort bekannt sind. Darüber hinaus kann dadurch eine Haltung der Mitverantwortung für das Gesamtunternehmen kultiviert werden. Neben der Personalauswahlsituation betrifft die Strategie interner Beratung aber auch die Beurteilung von eigenen Mitarbeitern.

> **Führungskraft 1**: Ich hab das auch nie allein entschieden, ob ich jemandem Verantwortung übertrage. Dann hab ich immer meine Jungs [im Unternehmen mitarbeitende Söhne, Anm. d. Verf.] dazugenommen. Und dann hast du noch einen Mitarbeiter, der besonders viel mit ihm zu tun hatte, gesprochen. (I1, S. 7)

Die richtige Einschätzung von Mitarbeitern ist demnach keine einfache, gar triviale Angelegenheit. Sie ist subjektiv und irrtumsanfällig, und die Lösungsstrategie für dieses Problem ist soziale Validierung. Für die Einschätzung der auf S. 60 erwähnten *Überfrommen* war für Führungskraft 1 dieses Vorgehen wichtig, bis hin zu Personalentscheidung.

> **Führungskraft 1:** Da hab ich ihre Kollegin gefragt, sage: ‚Schätze die mal ein. Gib der mal eine Note.' Und da hat sie gesagt: ‚Eine vier.' Aber so 'ne DDR-Vier, nicht wie jetzt, wo es bis zur Sechs geht. Also dann hab ich noch zwei Verkäuferinnen gefragt, und dann hab ich gesagt: ‚Was denn? [...]' Da hab ich noch zwei Verkäuferinnen gefragt, und die haben ihr eine Drei bis Vier gegeben. Also, das war ... die ist unter den Mitarbeitern ganz schlecht angekommen. (I1, S. 2)

Neben den Einschätzungen von Mitarbeitern waren für Führungskraft 1 auch die Meinungen von Kunden von durchaus großem Gewicht. Über eine andere Mitarbeiterin resümiert Führungskraft 1:

> **Führungskraft 1**: Wiederholt haben sich die Leute beschwert, sie wäre zu unfreundlich. Das ist natürlich auch schwierig. Da kann ich gar nichts sagen. Mir hat sie aus der Hand gefressen. Weißt du, aber ich bin nicht der Maßstab. (I1, S. 6)

In dieser Situation stand die eigene Wahrnehmung im Kontrast zu der von Kunden. Führungskraft 1 hält ihr eigenes Erleben nicht für den alleinigen *Maßstab*, sondern ist bereit, alternative Wahrnehmung sozialer Wirklichkeit einzubeziehen, in diesem Falle die Wahrnehmungen von Kunden. Neben dem Einbeziehen der sozialen Wirklichkeit von Kunden schätzen die Führungskräfte auch die Bedeutung „externer" Beratungsleistungen durch Familienmitglieder und Freunde.

> **Führungskraft 3**: Wenn du nicht eine Kommunikation ständig ... eine Kommunikation ständig meinetwegen mit einer dir vertrauten Person hast, sei es deine Frau oder der Pastor, oder wer halt auch immer, der da auch ein bisschen über Jahre hinweg Einblick hat in dein ganzes Leben, wo du dich auch ein Stück geöffnet hast, gehst du vor die Hunde. (I3, S. 4)

Neben der Bedeutung für rein betriebliche Entscheidungen durch solche Beratung blitzt hier auch die Bedeutung für das psychologische Wohlbefinden einer Führungskraft auf. Persönliche Kommunikation und Selbstoffenbarung jenseits betrieblicher Fragen sind also eine wichtige Strategie, um als Mensch nicht *vor die Hunde* zu gehen.

5.2.2.3 Kommunikation ist Voraussetzung für Vertrauensentscheidungen

Von zentraler Bedeutung für die richtige Einschätzung und damit erfolgreiches Vertrauen ist die Pflege des direkten Kontakts zu den Mitarbeitern.

> **Interviewer:** Vertrauen hängt ja auch damit zusammen, ob einem jemand an sich wohlgesonnen ist. Und das hast du einfach auch aus der Erfahrung heraus im Gespür, oder woran erkennst du das?
>
> **Führungskraft 2**: [...] Du musst als Chef immer auch die Kommunikationsebene pflegen. Du musst mindestens am Tag mit deinen Mitarbeitern zwei, drei Gespräche führen, auch wenn's nur kurze sind, dass du immer Kontakt hast. (I2, S. 2)

Regelmäßige Kommunikation, und seien es auch *kurze Gespräche* sind ein „Muss", um zu erkennen wie ein Mitarbeiter gesonnen ist. Ähnlich formuliert eine weitere Führungskraft die Bedeutung von Kommunikation:

> **Führungskraft 1:** Wir waren teilweise über zwanzig Leute [...]. Und dann siehst du manche gar nicht viel. So, du siehst sie zur Betriebsfeier. Da sind sie fein angezogen. Und lächeln. Aber das ist doch nicht das Leben, und schon gar nicht die Arbeit. Und dann musst du einfach mit den Leuten mal reden. (I1, S. 8)

Persönlicher Kontakt im Arbeitsalltag ist also unverzichtbar, um zu erkennen, ob einem eine Person wohlgesonnen und würdig ist, Verantwortung übertragen zu bekommen. Über den Mangel an Zeit für genau solchen persönlichen Kontakt klagt Führungskraft 4:

> **Führungskraft 4:** Es ist ... man hat eben auch viel zu wenig Zeit, sich mit den Leuten mal - wenn ich dort mich mal bisschen kurz ... ich bring mal was hin, dann fragste höchstens mal - gerade wie bei der mit dem Sohn - wie es ist, oder der Mann ist auf Montage ... und so kleine Sachen. Mehr macht ja jetzt die L. [mitarbeitende Ehefrau, Anm. d. Verf.] und solche Sachen. Da wär's gut, wenn die noch ein bisschen Zeit hätte für die. (I4, S. 4)

Mit dem oft gut gefüllten Terminplan von Führungskräften ist intensive persönliche Kommunikation eine ständige Herausforderung, das heißt, die nötige Zeit für persönlichen Kontakt frei zu halten; nichtsdestoweniger beschreibt Führungskraft 2 dies als ein „Muss", um Mitarbeiter richtig einschätzen zu können, denn

> **Führungskraft 2**: Du merkst das im Umgang mit den Leuten [ob einem jemand wohlgesonnen ist]. Also erst mal, ob die gerne hier sind, ob sie ihre Arbeit gerne machen, ob sie auch bereit sind, mal dieses oder jenes zu machen. (I2, S. 2)

5.2.2.4 Vertrauen benötigt Zeit und Ausprobieren

Im täglichen Umgang mit Mitarbeitern setzt auch die erfahrungsvalidierende Funktion von Zeit ein. Für die Unternehmer ist wichtig, dass es Zeit und Erfahrung mit einer Person benötigt, bis sie dieser vertrauen.

> **Führungskraft 4**: Vertrauen kannst du nicht von jetzt auf nachher, aber Vertrauen, das müssen die Leute sich erwerben. (I1, S. 4)

Die Berücksichtigung des Zeitaspekts erscheint typisch. Auch ein anderer Unternehmer verfolgt eine Strategie, die den Zeitfaktor berücksichtigt. Er verfolgt eine Strategie der kleinen Schritte und des *Ausprobierens*.

> **Führungskraft 1**: Das ist eine Sache, die musst du ein bisschen Ausprobieren. Eh du eben richtig vertrauen kannst. (I1, S. 1)

Wenn *ausprobiert* wird, besteht jedoch auch die Möglichkeit des Misserfolges. Enttäuscht eine Person, beispielsweise weil sie der Verantwortung nicht gewachsen ist, kann nachkorrigiert werden.

> **Führungskraft 1**: Und mit der Verantwortung, das hat sich dann auch schon mal rausgestellt, dass das dann nicht ganz gereicht hat. Dann haben wir das aber auch vorsichtig umgebogen. (I8, S. 8)

Wird ein Risiko eingegangen (*Ausprobieren*), entsteht die Möglichkeit, die Fähigkeiten und Kompetenzen von Mitarbeitern zu erproben.

> **Führungskraft 3:** Probieren Sie mal ein Vierteljahr. Und nach einem Vierteljahr tun wir uns miteinander noch mal unterhalten, ob du dich in deiner Rolle wohlfühlst, oder nicht. Und wenn nicht, okay, dann tun wir's auslaufen lassen. (I3, S. 5)

Die Führungskräfte nehmen damit für sich nicht in Anspruch, zuvor immer sicher zu sein, wer vertrauenswürdig ist, sondern sehen den Aufbau von Vertrauen als Prozess. Sie formulieren die Bereitschaft, Entscheidungen zu korrigieren. Auszuprobieren ist insbesondere deshalb so bedeutsam, da Vertrauen nur bedingt bewusstseinsfähigen Kriterien folgt. Ob einer Person vertraut werden kann, „merkt man eben". Wie auf S. 68 dargestellt wurde, kann christlicher Glaube diesen Prozess des Ausprobierens für eigenes Vertrauen beschleunigen.

5.2.2.5 Eigenes Vertrauen als Ehre für die andere Person

Ausprobieren ist unverzichtbar, bevor Vertrauen erlebt wird. Vertrauensvorschüsse haben dabei zugleich gestaltende Wirkung für die Führungsbeziehung.

> **Führungskraft 2**: Der Mitarbeiter merkt auch, wenn du manchmal sogar einen Vorschuss an Vertrauen gibst. [...] Und das wertet dich ja auch auf. Wenn die sagen: Mensch, der Chef gibt mir einen Haufen Gold. Und so sind das dann kleine Bausteine dann, wo du Vertrauen aufbaust. (I2, S. 1)

Vertrauensvorschüsse sind also „Bausteine" beim Vertrauensaufbau. Luhmann beschreibt Vertrauen jedoch „zugleich als Chance und Fessel" (2000, S. 84). Vertrauen kann damit sowohl als Chance wie auch als Instrument der Verpflichtung dienen. Er fasst es in die kurze Formel „Vertrauen erzieht" (ebd.). Dennoch wünschen sich Menschen, dass ihnen vertraut wird:

Führungskraft 1: Du willst doch Verantwortung, du willst doch merken: Der vertraut mir. [...] Das ehrt dich doch! (I1, S. 10)

Vertrauen wird folglich als *Aufwertung* und als *Ehre* für die andere Person betrachtet.

Eine Vertrauensbeziehung kann auch als Bündnis zwischen Menschen gesehen werden („Ver-Trauen"; vgl. S. 29). Möglicherweise ist es der Bündnischarakter, der dieser positiven Bewertung *Ehre* zugrunde liegt. Diese Person erhält Zugang zu Ressourcen des Vertrauensgebers und kann eine erweiterte Selbstwirksamkeit erleben.

5.2.3 Zusammenfassung: Kluges Vorgehen begründet erfolgreiche Vertrauensentscheidungen

Die Führungskräfte sehen das Geschehen im Unternehmen und das Handeln anderer Akteure als nur bedingt steuerbar an. Dennoch, bzw. gerade deshalb, setzen sie Grenzen der Gestaltungsmacht, überprüfen ständig stichprobenartig die Arbeit und greifen notfalls ein. Für Prozesse der Delegation und Generationswechsel sehen sie Vertrauen als wichtigen Faktor an. Interne und externe Beratung werden genutzt, um Informationen zu erhalten und eigene Wahrnehmungen und Einschätzungen gegebenenfalls zu korrigieren. Regelmäßige Kommunikation mit Mitarbeitern wird als Grundlage für gute Vertrauensentscheidungen beschrieben. Kluges Vorgehen beinhaltet zudem die Bereitschaft, Risiken einzugehen und kleinschrittige oder größere Vertrauenshandlungen zu wagen, deren Erfolg danach evaluiert wird. Diese Handlungsstrategien sind die vorrangigen Vertrauensstrategien. Hinter diesen wirkt im Untergrund christlicher Glaube mit den zuvor beschriebenen Mechanismen.

5.3 Persönlicher Glaube als Anspruch und Ressource

Bisher wurde dargestellt, wie die befragten Führungskräfte eigenes Vertrauen und den Glauben anderer wahrnehmen und welche Vorgehensweisen sie als wichtig für erfolgreiche Vertrauensentscheidungen halten. Eine dritte Erfahrungsdimension erschloss sich in der Auswertung des Materials und wird hier in Auszügen dargestellt. Dabei geht es darum, dass persönlicher Glaube einerseits als Anspruch und dieser andererseits als Ressource für eigenes Führungshandeln erlebt wird. Diese Erlebnisdimension ist insbesondere deshalb interessant für die Diskussion der Fragestellung, da hier u. a. spirituelle Sichtweisen und Verhaltensstrategien beschrieben werden, die als stützend für eigene Vertrauensentscheidungen erlebt werden. Insbesondere das Gebet um *Weisheit* wird dabei wiederholt als Quelle guter Entscheidungen beschrieben. Persönlicher christlicher Glaube wird aber zugleich als Anspruch von den Führungskräften erlebt.

5.3.1 Christlicher Glaube als Quelle von Fremd- und Selbstansprüchen

Zunächst steht eine problematische Seite des persönlichen Glaubens der Führungskräfte im Zentrum des Interesses. Durch das öffentliche Bekenntnis zum christlichen Glauben treten andere Menschen mit speziellen Erwartungen (Fremdansprüche) an Glaubende heran. Zugleich besitzen die Führungskräfte besondere eigene Erwartungen an ihr persönliches Verhalten (Selbstansprüche).

5.3.1.1 Sonderbehandlungsanspruch von Mitchristen

Ein Fremdanspruch, dem sich beispielsweise Führungskraft 2 ausgesetzt sah, war die Erwartung christlicher Mitarbeiter auf besonderen Kündigungsschutz, basierend auf dem gemeinsamen Glauben.

> **Führungskraft 2**: Das einzige [wo ich schlechte Erfahrungen mit Christen gemacht habe] war mal, wo ich entlassen musste. Da musste ich mal vier Mann auf einen Schlag entlassen. Da gab's dann schon hinterher Knatsch: Warum ich? (Pause) Ne, so fast noch: Ich bin doch Christ. Mich müsstest du doch bis zum Schluss behalten. (I2, S. 3)

Den Fremdanspruch durch einen christlichen Mitarbeiter erlebt er als *schlechte Erfahrung*. Er sieht sich spezifischen Erwartungen seitens des Mitarbeiters ausgesetzt - besonderer Kündigungsschutz jenseits betriebswirtschaftlicher Entscheidungen und auf Kosten seiner nichtchristlichen Kollegen. Bereits ohne religiöse Komponente wird das Ereignis „Kündigung" als problematisch erlebt, wie zuvor ab S. 56 beschrieben. Gemeinsamer christlicher Glaube kann die Problematik verschärfen. Hypothetisch formuliert könnten dahinterliegende problematische Ansichten folgendermaßen beschrieben werden: Wer wirklich Christ ist, der kündigt doch keinen anderen Christen. Die Fragen: „Darf ein Christ kündigen?" und „Dürfen Christen anderen Christen kündigen?" scheinen sich nicht selbstverständlich zu beantworten. Besondere Erwartungen können stark manipulative Wirkung haben und bedrohen möglicherweise das christliche Selbstbild von Führungskräften. Möglicherweise sind es zuvor erlebte Fremdansprüche solcher Art, die alle Führungskräfte auch in den Interviews dazu veranlassten, die Bedeutung der Qualität der Arbeit (z. B. *Tüchtigkeit*) besonders zu betonen. Christlicher Glaube als Grundlage einer Führungsbeziehung im Unternehmen birgt die Gefahr der Instrumentalisierung. „Christlich" deklarierte Ansichten können als Druckmittel gegen Entscheidungen der Führungskraft eingesetzt werden. Eine Führungskraft differenziert deshalb zwischen Vertrauensverhältnis und Arbeitsverhältnis.

> **Führungskraft 1**: Es ist auf der einen Seite ein Vertrauensverhältnis, auf der anderen Seite ruhig auch ein reines Arbeitsverhältnis, wo du sagst: Da ist Arbeit, und das musst du ordentlich bezahlen, und das steht ihnen auch zu, und da pochen sie auch drauf. […] Du kannst jetzt nicht denken, weil du Christ bist, kannst du jetzt betriebswirtschaftliche Dinge außen vor lassen. (I2, S. 5)

Abhängige Erwerbsverhältnisse beziehen sich auf Arbeitsleistungen und Lohnleistungen, und dieser Mechanismus wird demnach selbst durch ein persönliches Vertrauensverhältnis nicht außer Kraft gesetzt. Es bleibt *ruhig auch ein reines Arbeitsverhältnis*. Solche Abgrenzung ist vermutlich eine Strategie des Selbstschutzes im Kontext besonderer Erwartungen.

5.3.1.2 Integrität als Selbstanspruch

Möglicherweise treffen hier Fremdansprüche mit den Selbstansprüchen der Führungskräfte (Wünsche bezüglich eigenen Verhaltens) aufeinander. Als Christ und Führungskraft soll eigenes Verhalten vorbildhaft sein und einladend für den persönlichen Glauben wirken:

> **Interviewer**: Also hast du für dich gesagt, sie sollen von deinen Taten lesen?
>
> **Führungskraft 2**: Ja, so wie ich halt bin … und sagen - ich sag jetzt mal grob: ‚**So wie der Chef lebt, gefällt uns.**' Und sie sehen ja auch mein Engagement, was ich noch außerhalb vom Betrieb mache, oder ja. Ich denk, das muss in so einem Bereich erst einmal reichen. Ich meine, wenn jetzt irgendjemand kommt mit irgendeiner Frage, auch eine Lebensfrage - kommt ab und zu mal vor - sagen: ‚Mann Chef, das und das, wie denken Sie denn?' - kommt auch vor - na, dann hab ich freie Hand. (I2, S. 6)

Auch als *Chef* soll sein Lebensstil seinen Mitarbeitern *gefallen*. Dieser Selbstanspruch erwächst aus dem christlichen Auftrag zu missionarischem Lebensstil. Integres Verhalten wird als Herausforderung erlebt.

> **Führungskraft 2**: Ja, es ist schon, wenn du es so nimmst, ist es schon die größte Aufgabe in meinem Leben, dass ich sage: Ich bin Chef hier und ich bin Christ und ich bin Gemeindeleiter

> noch mit, und in diesen und jenen Gremien noch, und das alles zu verbinden. (I2, S. 4)

Dabei besteht das Bewusstsein, als Führungsperson und als Christ im Zentrum des Interesses zu stehen – eine Herausforderung für integres Handeln:

> **Führungskraft 2**: Weil du – sag ich mal – immer (Pause), vornedran bist. Du wirst ja ständig beobachtet, auch von deinen Mitarbeitern. Wie geht er mit Kunden um? Das ist ja bei uns auch das Schwierige. Auf der einen Seite hast du Kunden [...] und auf der anderen Seite deine Mitarbeiter, und diese zwei musst du dann immer vermitteln oder zusammenbringen. (I2, S. 4)

Der Wunsch nach integrem Verhalten wird auch in den anderen Interviews geäußert.

> **Führungskraft 3**: Ich kann ja nicht am Sonntag so sein wie ein Christ und unter der Woche bin ich ein Stinkstiefel. Das kann ja nicht sein. Das muss nachher schon alles ein bisschen zusammenpassen, die Lebensführung. Muss man jeden Tag dann selber ein bisschen dran arbeiten. (I3, S. 3)

Ein Bekenntnis zum christlichen Glauben wird als Verpflichtung zu integrem Verhalten erlebt. *Chef*, *Christ*, *Gemeindeleiter* und *Gremien* sollen miteinander *verbunden* sein. Das Verhalten am Sonntag und das am Wochentag sollen *zusammenpassen*. Christlicher Glaube soll zudem auch Auswirkung auf die ethischen Standards bei eigenen Geschäften haben.

> **Interviewer**: Was war denn für dich die größte Herausforderung, gleichzeitig Christ und Führungskraft zu sein?
>
> **Führungskraft 3**: Wenn man Geschäfte angeboten bekommen hat, die man vorneherein gemerkt hat: Das ist nicht sauber. Das sind Versuchungen, denen man permanent unterliegt. (I3, S. 9)

Eigene Geschäfte sollen *sauber* sein. Dieses Anliegen zeigt sich auch in anderen Interviews:

> **Führungskraft 1**: Ehrlich zu sein. Gute Arbeit zu machen. Zuverlässig. Aber dass du die Leute in keiner Weise betrügst. Du musst einfach ehrlich sein und sagen: So ist es. (I1, S. 12)

Verhalten soll *ehrlich* sein. Zudem werden auch Selbstansprüche an die Qualität eigener Arbeit gestellt. Eigene Arbeit soll *gut* und *zuverlässig* sein. Hier klingt das Arbeitsethos dieser christlichen Führungskräfte wieder an. Ihr persönlicher christlicher Glaube wird von den Unternehmern als Verpflichtung und Herausforderung erlebt. Es ist eine

Selbstverpflichtung zu vorbildhaftem Leben. Sehr negativ werden allerdings „christliche" Fremderwartungen erlebt, die den eigenen christlichen Glauben zu instrumentalisieren versuchen.

5.3.1.3 Vertikalanalyse 2: Integrität als kritischer Punkt

Wiederum taucht das Thema der Integrität auf; hier jedoch beziehen die Führungskräfte es auf sich selbst. Die verschiedenen Lebensfelder *zu verbinden* erlebt eine der Führungskräfte als die *größte Aufgabe* in seinem Leben (I2, S. 4); das ist der Selbstanspruch, und diesem ist schwierig zu genügen. Das heißt, die Führungskraft will Kongruenz herstellen zwischen christlichen Überzeugungen und Tun in den verschiedenen Lebensfeldern. Das eigene „christliche" Arbeitsethos der Führungskräfte beinhaltet, *ehrlich zu sein, gute Arbeit zu machen, zuverlässig zu sein, niemanden betrügen, immer gut drauf* zu sein (I2, S. 4). Dies steht in Bezug zu ihren Erwartungen an *vertrauenswürdige* Mitarbeiter (vgl. S. 59), die zuverlässig, ehrlich und aufrichtig, fachlich und menschlich kompetent, tüchtig und motiviert sind, präzise arbeiten und dabei positiv auf das Betriebsklima wirken sollen. In Vertikalanalyse 1 (S. 63) wurden die Formulierungen *fromme Pflaume* (vgl. S. 53) sowie der Begriff *überfromm* (vgl. S. 60ff.) diskutiert. Dabei wurde erarbeitet, dass u. a. die Kongruenz von Verbaläußerungen und Verhalten des anderen entscheidend dafür ist, wie sehr ihm vertraut wird. Diese Übereinstimmung ist das Kriterium für „richtige" Frömmigkeit im Gegensatz zu *frommem Schrott*. Übereinstimmung von Reden und Tun ist damit ein entscheidender Faktor dafür, ob der christliche Glaube der anderen Person als vertrauensförderlich erlebt wird oder nicht. Gleichzeitig stellen die Unternehmer an sich selbst den Anspruch, in ihren christlichen Werten integer zu handeln, d. h. in verschiedenen Kontexten als die Person konsistent und bekenntnisgemäß zu agieren, *wenn's drauf ankommt* (I1, S. 3). Erwartungen an sich selbst und an andere ähneln sich in dieser Hinsicht. Vermutlich tun dies auch die Konflikte. Entsprechend emotional dürfte die Reaktion sein, wenn Mitarbeiter oder Umfeld als „christlich" ausgewiesene Erwartungen an die Unternehmer stellen, welche diese als nicht einlösbar beurteilen. Und offensichtlich werdende, mangelnde Übereinstimmung von Handeln und Tun löst bei ihnen scharfe Ablehnung aus. Eine tiefenhermeneutische Deutung für das Phänomen der abwertenden Formulierungen liegt hier nahe: Christliche oder „pseudochristliche" Überzeugungen, welche eigenes Kongruenzerleben bedrohen, werden abgewehrt. So, wie für christliche Mitarbeiter die Gefahr besteht, Versuchen der Instrumentalisierung ihres Glaubens (beispielsweise zu „freiwilliger" Mehrarbeit) ausgesetzt zu sein, ist umgekehrt ebenso die Gefahr der

Instrumentalisierung ihres Glaubens für Führungskräfte und Unternehmer vorhanden. Mitarbeiter und Umfeld könnten versuchen, den Glauben zu missbrauchen, um sie unter Druck zu setzen. Der Kongruenzanspruch wäre damit eine Erpressungsmöglichkeit: „Du bist Christ, also musst du …". Fremderwartungen, die als nicht einlösbar eingeschätzt werden, werden als *überfromm* deklariert und befinden sich damit jenseits des eigenen Verständnisses vom Christsein. Versuche der Einflussnahme können damit abgewehrt werden. Gleichzeitig wird das Selbstbild geschützt, wenn als Christ unangenehme Entscheidungen getroffen werden müssen, die das Selbstbild infrage stellen. Möglicherweise sind diese Entscheidungen auch deshalb unangenehm, weil sie im Spannungsfeld widerstrebender eigener Werte und Bedürfnisse getroffen werden müssen. Dies mag Teil des Ringens um Kongruenz zwischen Glaubensüberzeugungen und konkreten Situationen im Alltag sein. Die christlichen Führungskräfte erwarten Konsistenz zwischen Reden und Verhalten sowie zwischen Glaubensüberzeugungen (z. B. christliches Arbeitsethos) und Verhalten. Als Grundlage für Vertrauenswürdigkeit fordern sie diese bei sich selbst sowie bei christlichen Mitarbeitern.

5.3.2 Christlicher Glaube als Ressource für die Führungsarbeit

Neben diesen Selbst- und Fremdansprüchen beschreiben die Führungskräfte den persönlichen Glauben auch als Ressource.

> **Führungskraft 2**: Du musst immer gut drauf sein. Das schaffst du nur, wenn es dir selber gut geht. Und dir geht's selber gut, wenn du mit Gott in Ordnung bist und Harmonie hast. (I2, S. 4)

Mit Gott *in Ordnung* zu sein ermöglicht also eigenes Wohlbefinden und damit *gut drauf* zu sein. Harmonisches persönliches Glaubensleben wird so zur Quelle für gutes Agieren in den Spannungsfeldern und bei den Herausforderungen des Führungsalltages.

5.3.2.1 Weisheit als Gebetsthema

Drei der vier Führungskräfte beschreiben, dass das Gebet um Weisheit für sie von großer Bedeutung ist. Geschäftliche Erfolge und Führungserfolge führen sie auch darauf zurück.

> **Führungskraft 3**: Da hab ich immer auch viel Wert drauf gelegt. Im Gebet mit … dass ich sage: ‚Herr Jesus, mach mich weise, dass ich da nicht irgendwelchen Mist mache.' Ich musste selbst oft über meinen eigenen Schatten springen. Ich dachte, eigentlich müsstest du dem jetzt mal richtig die Hörner zeigen,

> aber (Pause) das (Pause), weil du dir manchmal auch als Verlierer vorkommst, und wer will schon Verlierer sein. (I3, S. 9)

In der Wertschätzung göttlich geschenkter Weisheit ist diese Führungsraft nicht allein.

> **Führungskraft 1**: Und das war auch immer mein wichtigstes geistliches Anliegen, dass du jetzt Weisheit kriegst, göttliche Weisheit. […] Das kann, wenn du darum gebetet hast, und dann ist es da, dann weißt du auch, wo es herkommt. Das ist aber einfach so ein Satz. Aber das hat mich immer sehr beschäftigt, dass du ja weise bist und dass du nicht irgendetwas Dummes machst. (I1, S. 12)

Auch hier findet sich der Wunsch, weise zu handeln, statt *irgendetwas Dummes* oder *Mist* zu machen. Gute Entscheidungen getroffen zu haben wird entsprechend auch als empfangene Gabe Gottes gesehen. Spiritualität wird als Ressource beschrieben, welche die eigene Urteilskraft erweitert.

5.3.3 Zusammenfassung: Persönlicher Glaube ist Anspruch und Ressource

Zusammenfassend lässt sich festhalten, dass christlicher Glaube als Anspruch und Ressource erlebt wird. Christsein und Handeln sollen *verbunden* sein. Dies ist nicht nur Anspruch an die Personen, deren Vertrauenswürdigkeit eingeschätzt werden soll, sondern auch an eigenes Verhalten. Der Gefahr der Instrumentalisierung des persönlichen Glaubens begegnen Führungskräfte einerseits mit der Betonung der fachlich-betriebswirtschaftlichen Seite des Arbeitsverhältnisses. Andererseits kommt es zur Exklusion der Religiosität anderer aus dem Bereich des Christlichen, wenn die Personen Haltungen formulieren, deren Anspruch nicht einlösbar erscheint. Das geschieht insbesondere, wenn diese selbst nicht ihren eigenen Äußerungen gemäß handeln. Persönliche Spiritualität wird als Ressource für die Führungsarbeit erlebt. Neben Lernerfahrungen sehen christliche Führungskräfte insbesondere auch von Gott geschenkte Weisheit als Quelle guter Urteilskraft in Vertrauensfragen.

6 Diskussion

Bevor die Bedeutung dieser Ergebnisse diskutiert wird, ist es notwendig, die Person des Forschenden kurz zu beleuchten. Für die psychoanalytische Sozialforschung ist die Verwobenheit der Subjektivität des Forschers mit dem Feld, in welchem geforscht wird, eine zentrale Annahme und enthält wichtige Informationen. Damit kann der Leser zusätzliche Schlüsse im Verstehensprozess ziehen. Danach wird diskutiert, was als Essenz der Untersuchung gelten kann, auf welche Felder die Erkenntnisse anwendbar sind und welche Fragen offen bleiben müssen.

6.1 Die Rolle des Forschenden im Forschungsprozess

Die Nachvollziehbarkeit des Interpretationsprozesses für den Rezipienten sicherzustellen ist ein Gütekriterium für die Sozialforschung im interpretativen Paradigma. Darum ist die Subjektivität des Forschenden mit in den Blick zu nehmen. Durch Reflexion kann nach Leithäuser & Volmerg (1988, S. 210ff.) die nötige Distanz zur Verwobenheit von Forscher und Feld erzielt werden. Damit wird diese Verwobenheit der Übertragungen und Gegenübertragungen einsichtig und bietet Erkenntnisgewinn. Leithäuser & Volmerg (1988, S. 141) schlagen vor, dabei drei Kulturkreise in den Fokus zu nehmen, welche in ihren Widersprüchen und daraus erwachsenden Ängsten die Forschungsarbeit und den Interpretationsprozess mitbestimmen. Kreis 1 ist das Umfeld, in dem der Forscher aufgewachsen ist und das seine Persönlichkeit, Sprache und Verhaltensweisen geprägt hat und möglicherweise noch prägt. Kreis 2 ist die Umgebung des wissenschaftlichen Professionserwerbs und Professionsausübung. Kreis 3 beschreibt das kulturelle Umfeld, auf den sich die wissenschaftliche Arbeit bezieht, sprich: das Forschungsfeld. Die genannten drei Kreise sind auch für diese Arbeit bedeutungsvoll und sollen deshalb kurz beleuchtet werden.

Der erste Sozialisationskreis des Forschers (Kreis 1) ist das kleinstädtische Milieu in Sachsen. Seit früher Kindheit besuchte er christliche Kreise, konkret, der pietistisch geprägten Landeskirchlichen Gemeinschaft, die Teil der Evangelisch-Lutherischen Landeskirche Sachsens ist. Darüber hinaus hatte er früh auch zu anderen Kirchen der Evangelischen Allianz Kontakt. Heute ist der Verfasser Mitglied in einer Gemeinde des Mülheimer Verbands e. V., einer evangelischen Freikirche. Diese Gemeinde ist – wie auch die Gemeinden, in denen sich die befragten Führungskräfte engagieren – Mitglied der Evangelischen Allianz jeweils vor Ort. Christen waren in der ehemaligen DDR in einer Minderheitenposition und fanden sich im Zentrum teilweise scharfer ideologischer Auseinandersetzungen, waren zum Teil auch Repressalien ausgesetzt. Christlicher Glaube stand unter extremem Rechtfertigungsdruck, engagierte Christen unter misstrauischer, staatlicher und gesellschaftlicher Beobachtung. Ein feines Gespür beim Autor - wie auch bei den Interviewpartnern - für politisch brisante Aspekte des christlichen Glaubens dürfte daraus resultieren. Dabei besteht die Gefahr, möglicherweise „stark" Formuliertes und Missverständliches hin zur „political correctness" zu glätten, um die Überzeugungen der Interviewten oder den eigenen Glauben zu „schützen". Reflexion diesbezüglich war nötig, um dem entgegenzuwirken.

Der wissenschaftliche Sozialisationskreis (Kreis 2) des Autors ist der Psychologiestudiengang der Universität Bremen. Die gegenwärtige Scientific Community der Psychologie lässt sich in weiten Teilen sicherlich treffend als atheistisch geprägt charakterisieren. Damit bietet sich eine Kontrastfolie zu dem religiösen Thema der Untersuchung. Mit eigenen Überzeugungen und eigenem Erleben auf Distanz zu gehen wurde dabei als gleichzeitig spannungsvoll und faszinierend erlebt. Die Vorstellung, mit theologischen Fragestellungen und persönlichen Argumentationen und Ergebnissen vor einer Scientific Community Rechenschaft ablegen zu müssen, war jedoch nicht völlig frei von Unbehagen. Weltanschauliche Grundsatzfragen brechen hier automatisch in den wissenschaftlichen Diskurs ein, sind sie doch Teil desselben. Es ist in allem Bemühen um Offenheit unmöglich, keine Position einzunehmen, wie auch der Theologe Tillich beschreibt: „Jeder Theologe ist an seine Sache gebunden und steht ihr zugleich fern" (Tillich, 1955, S. 18). Diese beiden Ebenen in der Theologie sowie die Kontrastfolie der Psychologie schafft bei aller Verwobenheit ausreichende Distanz bezogen auf religiöse Inhalte.

Der Kulturkreis des Forschungsfeldes (Kreis 3) sind christliche Unternehmer (vgl. Kapitel 2), hier speziell das handwerkliche Unternehmertum ländlicher Regionen in Sachsen. Zu diesem Milieu hatte der Forschende auch aus dem familiären Kreis Kontakte. Neben dem Einfluss auf die Themenformulierung und Fragestellung lassen sich Kenntnisse über typische Spannungen in diesem Feld auch im Interview erkennen. Beispielsweise zeigt sich ein Gespür für die Bedrohung des christlichen Selbstbildes der Führungskräfte. In Kenntnis des Feldes nimmt der Autor als Interviewender diese Spannung beispielsweise am Beginn von Interview 1 vorweg:

> **Interviewer**: (...) Grad fromme Leute, wenn sie ins Geschäft einsteigen, haben sicherlich manchmal irgendwelche Erwar-

tungen, Vorstellungen, wie das zu laufen hat. Und ein Betrieb ist halt etwas anderes als eine Gemeinde.

Führungskraft 1: Aber hallo! (I1, S. 1)

Hier findet sich also gleich zu Beginn des Interviews die „entlastende" Aussage: „Ein Betrieb ist etwas anderes als eine Gemeinde." Dies kann interpretiert werden als der Versuch des Interviewers, Respekt zu erlangen als jemand, der das innere Spannungserleben christlicher Kleinunternehmer kennt und keinen Vernichtungsschlag auf die christliche Identität des Unternehmers plant. Diese Haltung ist vermutlich eine zentrale Voraussetzung für ein vertrauensvolles und offenes Interviewgespräch zu diesem Thema. Die nachdrückliche Reaktion des Interviewpartners zeigt jedoch auf, dass emotional Relevantes angesprochen wurde.

Der Forscher ist demzufolge gut vertraut mit dem Feld, in dem die Untersuchung stattfindet. Dies erleichterte den Feldzugang und die Kommunikation. Gemeinsame Glaubensüberzeugungen sowie persönliche Bekanntschaft im Voraus waren Grundlage für das Vertrauen, sich auf eine Interviewsituation einzulassen und offen darin zu sprechen. Die Überschneidung von erstem Sozialisationskreis und Forschungsfeld stellt aber auch eine Herausforderung dafür dar, genügend reflexive Distanz zum Feld herzustellen. Es besteht die Gefahr, dass Wesentliches im gemeinsamen Einvernehmen ungesagt bleibt. Dies lässt sich nicht ausschließen. Genügend große Altersdistanz sowie die Interviewsituation mit Audioaufzeichnung dürften deshalb dazu geführt haben, dass auch scheinbar Selbstverständliches im Interview expliziert wurde. Die gute Kenntnis des untersuchten Feldes bietet zudem Vorteile für diese Forschung - nämlich, indem begriffliches Verständnis vorliegt, damit Kommunikation erleichtert wird und offenere Kommunikation durch Vertrauen entsteht. Forschung bedeutet immer ein Sich-Einlassen auf die Gegebenheiten und Muster des Feldes. Damit ist die Verwobenheit mit den Feldphänomenen immer nur eine Frage des Grades und die Herstellung von Distanz ein wichtiger Prozess.

6.2 Bedeutung der Ergebnisse

Christliche Führungskräfte beschreiben die Bedeutung des christlichen Glaubens als *nachrangig* für ihr Vertrauenserleben. Gleichzeitig heben die Befragten stark auf fachliche Kompetenzen ab. Worauf ist dies zurückzuführen? In der eingangs erwähnten Theorie von Rosenstiel (Comelli & Rosenstiel, 2009, S. 2ff.) werden Faktoren in den Blick genommen, die ebenfalls einen starken Einfluss auf Verhalten haben.

Nähme man an, alle Menschen, die sich als Christen bezeichnen, folgten homogenen Werten, ließe sich dennoch nicht folgern, das Verhalten aller sei in der gleichen Situation das Gleiche. Verhalten wird nämlich ebenfalls beeinflusst durch die Faktoren *Persönliches Können* (z. B. interpersonale oder fachliche Fähigkeiten), *situative Ermöglichung* (hemmende und begünstigende, äußere Umstände), *soziales Dürfen und Sollen* (Normen und Regelungen der Arbeitsumgebung; Comelli & Rosenstiel, 2009, S. 2). Wollen und Tun sind nicht notwendigerweise deckungsgleich. Zieht man zudem die Heterogenität christlicher Ethik sowie persönlicher Überzeugungen hinzu, wird deutlich, warum das Verhalten von Christen sehr vielfältig ausfallen kann. Dadurch wird verständlich, weshalb dem christlichen Bekenntnis auch keine statisch-vorrangige Rolle für die Vertrauenswürdigkeit einer Person eingeräumt wird. Die direkte Verbindung zwischen den normativen Aussagen christlichen Glaubens und wahrgenommener Vertrauenswürdigkeit ist durchaus schwach. Andere Strategien stehen daher im Vordergrund, mit denen dieser Faktor interagiert.

Umso erstaunlicher ist es, dass eine Führungskraft im Widerspruch zu diesen Aussagen zugleich angibt, dennoch bei der Personalauswahl darauf geachtet zu haben, dass die Bewerber *einen Hintergrund haben von fromm* (I3, S. 1). (Diese Strategie wäre mittlerweile möglicherweise nach dem Allgemeinen Gleichbehandlungsgesetz angreifbar). Eine andere Führungskraft beschreibt: *Alle, die was zu sagen haben im Betrieb, sind Christen, bis auf einen* (I1, S. 13). Worin liegt die Ursache für diesen Widerspruch zwischen Strategieaussagen und der Wirklichkeit in verschiedenen Unternehmen? Möglicherweise bietet der christliche Glaube - trotz aller unterschiedlichen Interpretationsmöglichkeiten - eine Art unbewusstes Referenzsystem, mit dem auf relativ leichtere Weise für einen religiös aktiven Christen erkennbar wird, ob das Verhalten einer anderen Person *integer* (im Sinne von Stimmigkeit von Anspruch und Wirklichkeit im weiten Feld christlicher Glaubensauffassungen) ist. Ähnliche Begriffe und Konzepte erleichtern Kommunikation und dadurch die Einschätzung der Integrität einer anderen Person. Dies mag auch der Grund dafür sein, dass der christliche Glaube anderer als Beschleuniger, nicht aber als Ersatz für eigenes Vertrauen erlebt wird. Zudem ermöglicht er vielleicht bei Vorhandensein anderer „vordergründiger" Voraussetzungen die Entwicklung des Vertrauens auf ein höheres Niveau. Dies würde erklären, warum *alle, die etwas zu sagen haben im Betrieb, Christen sind, bis auf einen*, obwohl die Bedeutung des Glaubens für Vertrauen als „nachrangig" erlebt wird. Zeigt sich beim potenziellen Vertrauensempfänger dagegen mangelnde Übereinstimmung von Selbstansprüchen und konkretem Handeln, lässt dies die

Achtung und das Empfinden von Vertrauenswürdigkeit insgesamt zerfallen - auch oder besonders mit Blick auf christliche Mitarbeiter.

Integrität ist damit der kritische Punkt für Vertrauen und ist mit starken Emotionen verknüpft („Überfromme" und „fromme Pflaume"). Dies deckt sich mit der Darstellung von Mayer et al. (1995). Integrität als „Treue zu bestimmten Prinzipien, die der Vertrauende bejaht" (Mayer et al., 1995, S. 719, Übers. d. Verf.) nimmt dort bei der Beurteilung von Vertrauenswürdigkeit eine zentrale Rolle ein. Die Nicht-Betonung des Glaubens für eigenes Vertrauen im Kontext des Interviews und im Alltagsdiskurs könnte eine Schutzstrategie sein vor der Gefahr, unter Druck gesetzt zu werden, überzogene Erwartungen zu wecken oder als ungerecht bzw. intolerant in den eigenen Entscheidungen zu erscheinen. Soziale Erwünschtheit mag damit eine Ursache sein. Die Widersprüchlichkeit lässt sich möglicherweise auch mit dem Wunsch nach rationaler Erscheinung eigenen Handelns erklären.

Professionsbezogene und allgemeine zwischenmenschliche Fähigkeiten werden durch die Führungskräfte stark betont. Laut Mayer et al. ist *Ability* (Fähigkeit) ein Kriterium für Vertrauenswürdigkeit. Sie bestimmt auch die Domäne des Vertrauens, d. h. auf welchen Sachverhalt oder Bereich sich Vertrauen bezieht. Die Ausprägungen der Fähigkeiten erscheinen in den Interviews zunächst als unabhängig von Glaubensüberzeugungen.

> **Führungskraft 1**: [Also das Wichtigste ist], dass sie ihre Arbeit gut machen, dass sie mit Leuten gut umgehen und dass sie in ihren Sachen zuverlässig sind. Und dass du ihnen vertrauen kannst. Und dazu müssen sie keine Christen sein. (I1, S. 7)

Weder die Weber'schen Annahmen zur protestantischen Wirtschaftsethik noch die Arbeitsethik Bonhoeffers oder Schirrmachers scheinen sich zunächst also auf Mikroebene im interindividuellen Bereich in der Form bewusster Annahmen auszuwirken. Gute fachliche Arbeit, welche eine Führungskraft durch Beobachtung erkennt, prägt Vertrauensentscheidungen im Betrieb am stärksten. Das erscheint sinnvoll, denn erfolgreiche Leistungserbringung hängt wesentlich auch von Fachkompetenzen ab: Vom Können und nicht allein vom Wollen. Zudem ist die Betonung dieses Faktors nützlich, denn dadurch werden Entscheidungen argumentierbar, nachvollziehbar, damit transparent - und erscheinen gerecht.

Im Verborgenen liegen dennoch unbewusste Erwartungen speziell an christliche Mitarbeiter: besondere Erwartungen an *Verantwortungsbereitschaft, Loyalität, soziale Kompetenz* und *fachliche Kompetenzen.* An bewussten Erwartungen werden *positiver Einfluss auf das Betriebsklima, grundlegende Ehrlichkeit* und *Bereitschaft zur Vergebung* genannt. Auch wenn die Führungskräfte es zunächst anders darstellen, frei von verborgenen Erwartungen - sicher auch von enttäuschten - ist ihr Erleben mit Blick auf die Arbeitsleistung christlicher Mitarbeiter nicht. Ein beispielsweise „christlich" zu nennendes Arbeitsethos beeinflusst Erwartungen und damit das Erleben. Erlebte Enttäuschungen sowie die Widersprüche zwischen Wünschen und Wirklichkeit sind möglicherweise der Grund für die Widersprüchlichkeit in den Äußerungen.

Bei dem dritten Faktor für Vertrauenswürdigkeit *Benevolence (Wohlwollen)* nach Mayer et al. fällt auf, dass dieser Bereich für die Befragten am schwierigsten verbalisierbar ist. Vertrauen ist eine Frage der *Chemie*. Will man herausfinden, ob ein anderer *einem wohlgesonnen* ist, benötigt man Zeit und muss *ausprobieren*. Hier wird der Prozesscharakter von Vertrauen aufgegriffen. Dabei spielt Zeit für das eingegangene Risiko bei einer Vertrauenshandlung eine große Rolle. Ein Vertrauensgeber könnte direkt große persönliche Risiken im Vertrauen eingehen und hoffen, dass die andere Person ihre Handlungsfreiheit nicht schadensbringend ausnutzen wird. Das soziale Risiko dabei wäre groß. Stattdessen werden zunächst kleine und danach immer größere Risiken eingegangen. „Es ist klar, [...] daß Lernvorgänge dieser Art, sich nur vollziehen, wenn der, dem vertraut werden soll, Gelegenheiten zum Vertrauensbruch bekommt und nicht nutzt. Dies Risiko ist aus dem Lernen nicht wegzudenken. Es kann aber auf kleine Schritte verteilt und dadurch minimiert werden" (Luhmann, 2000, S. 58). „Das ‚Prinzip der kleinen Schritte' ersetzt einfachere Formen der Umweltanpassung dort, wo auch die Umwelt kontingent handelt oder für Einmalanpassung zu komplex ist. Dafür braucht ein System Zeit" (ebd., S. 51). Durch das Einbeziehen der Zeitdimension entstehen validierte, positive Erwartungen. Aus Erfahrungen der Vergangenheit wird auf Wahrscheinlichkeiten für zukünftiges Verhalten geschlossen. Die „zeitliche Begrenzung des Vertrauensbruchs" (Luhmann, 2000, S. 84) ist eine wichtige Betrugsstrategie neben der Begrenzung des Kontakts mit dem Betrogenen. Sich in der Vertrauensentwicklung Zeit zu lassen ist daher eine Gegenstrategie gegen möglichen Betrug. Vertrauen braucht Zeit, auch unter Christen. Alle drei Faktoren der Vertrauenswürdigkeit nach Mayer et al. benötigen gemeinsame Geschichte zur Einschätzung der anderen Person. Christlicher Glaube als statische Größe betrachtet wird als nicht hinreichendes Vertrauenskriterium angesehen - in allen drei Dimensionen. Die Rolle des christlichen Glaubens ist hier nicht statischer Natur, sondern seine Bedeutung besteht darin, dass durch ihn Prüfprozesse beschleunigt werden.

6.3 Fazit

Als Funktionszusammenhang wird anhand der Interviews erkennbar, dass gemeinsamer Glaube den Prozess der Vertrauensbildung beschleunigen kann und möglicherweise auf ein höheres Niveau führen kann. Er kann als Katalysator wirken, aber den Vertrauensprozess des „Ausprobierens" nicht ersetzen. Insgesamt spielt Glaube jedoch eine nachrangige Rolle. Der christliche Glaube anderer ist damit nur bedingt relevant für eigenes Vertrauenserleben im Unternehmenskontext. Neben der Chance der Vertrauensbeschleunigung bietet er gleichzeitig aber auch die Gefahr von Instrumentalisierungsversuchen. Besonders empfindlich sind die Führungskräfte, wenn Mitarbeiter „christliche" Ansprüche an sich selbst und andere stellen, welche die Führungskräfte für nicht einlösbar halten. Ein „christliches" Arbeitsethos wirkt bewusst oder unbewusst mit auf die Interaktion ein (Erwartung hoher Verantwortungsbereitschaft, starker Loyalität, sozialer Kompetenz, guter fachlicher Kompetenzen, positiven Einflusses auf das Betriebsklima, grundlegender Ehrlichkeit und Bereitschaft zur Vergebung). Versuchen andere Personen, den eigenen Glauben gegen persönliches Handeln und Entscheiden zu instrumentalisieren, wird dies als unangenehm erlebt.

In der Konsequenz bedeuten für christliche Führungskräfte Kompetenzen im Umgang mit eigenem Vertrauen einerseits Erfahrungen mit Menschen zu sammeln und „klug" vorzugehen, andererseits aber auch Klarheit darüber, was für sie „christlich" bedeutet bzw. inwiefern eigene Vorstellungen eines „christlichen Arbeitsethos" persönliche Erwartungen an sich selbst und andere beeinflussen. Die Anforderungen durch das eigene Arbeitsethos können die eigene Person und andere unter Druck setzen. Klarheit ist nötig, um selbst nicht ungewollt unter Druck zu geraten oder Illusionen aufzusitzen. Für Mitarbeiter bei christlichen Arbeitgebern kann man daraus ableiten, dass sie darauf achten sollten, keinen *frommen Schrott* (I1, S. 2) zu erzählen (also nicht einlösbare Überzeugungen zu proklamieren), wenn sie als vertrauenswürdig erfahren werden wollen. „Frommer Schrott" beschädigt wahrgenommene Integrität. Zudem dürfte nicht förderlich für eine vertrauensvolle Beziehung wirken, wenn mithilfe der Gemeinsamkeit der religiösen Überzeugungen versucht wird, die andere Partei unter Druck zu setzen bzw. sie zu manipulieren. Das Arbeitsethos des Vorgesetzten zu kennen könnte außerdem Klarheit schaffen, was dieser erwartet, um selbst zu steuern, inwiefern dem entsprochen werden soll. Für christliche Mitarbeiter, wie christliche Führungskräfte, ist es wichtig, selbst Klarheit darüber zu entwickeln, was für sie „christliche"

Werte sind, um Grenzen in Bezug auf übersteigerte Erwartungen zu ziehen und sich auch umgekehrt nicht unter dem Deckmantel des „Christlichen“ unter Druck setzen zu lassen; nur so kann sich das vertrauensbeschleunigende Potenzial gemeinsamen Glaubens entfalten. Verbindender christlicher Glaube kann den Vertrauensprozess beschleunigen, aber nicht ersetzen.

6.4 Übertragbarkeit

Auf welche sozialen Felder lassen sich die beschriebenen Funktionszusammenhänge übertragen? Nach Tetens (2004, S. 177) basieren zulässige Analogien auf strukturellen Ähnlichkeiten zwischen zwei Feldern. Diese Strukturen gilt es zu beachten, wenn mit Analogie argumentiert werden soll. Dies ist ein induktiver Prozess. Das Feld der vorliegenden Untersuchung ist sehr spezifisch. Die befragten Führungskräfte sind evangelische Christen, stark in ihren Gemeinden engagiert, und ihre Kleinunternehmen sind in handwerklichen Branchen tätig. Es handelt sich um Familienunternehmen. Alle Interviewpartner sind Männer. Ihre Erfahrungen könnten dennoch ebenso auf andere Führungsinteraktionen übertragbar sein, beispielsweise auf die von christlichen Führungskräften in Großorganisationen, in Nicht-Familienunternehmen, in unterschiedlichen Wirtschaftssektoren oder diversen gesellschaftlichen Institutionen. Christlicher Glaube dürfte dort nachrangig für eigenes Vertrauenserleben wahrgenommen werden. Auch katholisch oder evangelisch-liberal geprägte Führungskräfte verfügen zudem möglicherweise z. B. über ein sehr ähnliches „christliches“ Begriffssystem, welches ihnen helfen kann, die Integrität christlicher Mitarbeiter zu beurteilen. Damit könnte sich der vertrauensbeschleunigende Effekt durch gemeinsamen Glauben hier ebenso einstellen. Dies wäre aber zu prüfen. Vergleichbare Mechanismen bei anderen Religionen lassen sich darüber hinaus vermuten. Widersprüchlichkeiten zwischen eigenen Werten als Führungskraft und zwischen vertretenen und handlungsleitenden Theorien lösen sich nicht durch gemeinsamen christlichen Glauben auf. Ebenso sind Widersprüche zwischen den Selbstansprüchen von Untergebenen und deren Tun Teil des Interaktionsprozesses. Die Gefahr von Instrumentalisierungs- und damit Manipulationsversuchen stellt sich möglicherweise auch dort ein. Die Unterschiedlichkeit der Branchen hingegen wiederum mag sich darin wiederspiegeln, welche Eigenschaften von Personen besonders geschätzt werden (Abilities). Unter Berücksichtigung dieser strukturellen Unterschiede dürften in anderen Branchen (z. B. Dienstleistungsgewerbe) ähnliche Mechanismen zu finden sein.

6.5 Ausblick

Es bietet sich an, diese Erkenntnisse genauer zu untersuchen. Beispielsweise die gewonnene Hypothese, wonach Glauben eine beschleunigende Wirkung für den Vertrauensprozess hat, sollte mittels quantifizierender Verfahren überprüft werden. Auch die Frage nach der konkreten Wirkung christlicher Mitarbeiter auf das Betriebsklima von Unternehmen - welche durch zwei Unternehmer postuliert wird - muss offen bleiben. Welche Rolle das Geschlecht beim Vertrauenserleben zwischen Christen spielt, bleibt ebenso an dieser Stelle unbeantwortet. Welche Vorstellung christliche Unternehmer über ihre eigene Rolle haben und in welchen Feldern es besonders schwerfällt, integer zu handeln, liegt jenseits der Fragestellung dieser Arbeit, scheint aber eine Frage zu sein, die den Betreffenden „unter den Nägeln" brennt. In dieser Arbeit fehlt die Gegenprobe, wie nichtchristliche Führungskräfte christliche Mitarbeiter erleben. Jene würde den Rahmen dieser Arbeit sprengen und muss deshalb weiterer Forschung überlassen bleiben. Wissenschaftliche Untersuchungen von Zusammenhängen zwischen christlichem Glauben und unternehmerischer Wirklichkeit auf Mikroebene sind rar, und das Feld bietet noch viele offene Fragen.

7 Zusammenfassung

Die Einschätzung der Vertrauenswürdigkeit von Mitarbeitern ist eine Herausforderung, vor welcher Führungskräfte immer wieder stehen. Dies trifft auch im speziellen Fall christlicher Unternehmer und christlicher Mitarbeiter zu. Normative biblische Aussagen haben nur bedingt prognostizierbare Wirkung auf das Verhalten von Menschen, korrespondieren aber inhaltlich teilweise mit den Kriterien für Vertrauenswürdigkeit von Mayer, Davis & Schoorman (1995). Welcher Einfluss des Glaubens auf Vertrauenserleben aus Sicht von Führungskräften lässt sich beschreiben? In einer explorativen Untersuchung wurden dazu vier christliche Kleinunternehmer qualitativ befragt. Die Daten wurden mit problemzentrierten Interviews nach Witzel (1989) erhoben und anhand der Kernsatzmethode nach Leithäuser & Volmerg (1988) ausgewertet. Demnach spielt der Glaube von Mitarbeitern nur eine nachrangige Rolle für eigenes Vertrauen, denn Persönlichkeitseigenschaften sowie fachliche und menschliche Kompetenzen werden als unabhängig von religiöser Überzeugung erlebt. Nachrangig wird gemeinsamem christlichen Glauben jedoch eine beschleunigende Wirkung im Prozess des „Ausprobierens" der anderen Person zugemessen. Für das Integritätsempfinden ist entscheidend, dass die Glaubensinhalte, die ein Vertrauensempfänger formuliert, für umsetzbar gehalten werden und sich im Verhalten abbilden. Die Nicht-Betonung von Glauben als Vertrauensgrundlage könnte auch die Funktion des Selbstschutzes vor Instrumentalisierungsversuchen haben.

Schlagworte: Führung, christlicher Glaube, Religion, Vertrauen

8 Literatur

AFP/PA. (2009). Gerichtsurteil rechtskräftig. Der „Maultaschen-Fall“ sorgt für Aufruhr. *Frankfurter Allgemeine Zeitung*. Zugriff am 20.10.2009. Verfügbar unter http://www.faz.net/s/RubA5A53ED802AB47C6AFC5F33A9E1AA71F/Doc~EB6B2ADA525B5472C963C3F1636EAB202~ATpl~Ecommon~Sspezial.html

Alter, U. (2008). Informieren als Führungsaufgabe. In T. Steiger & E. Lippmann (Hrsg.), *Handbuch Angewandte Psychologie für Führungskräfte* (3. Aufl., S. 108–122). Heidelberg: Springer.

Argyris, C. & Schön, D. A. (1999). *Die Lernende Organisation. Grundlagen, Methoden, Praxis*. Stuttgart: Klett-Cotta.

Auinger, F. (2005). The spirit of values. Leitorientiertungen für Führungskräfte und Mitarbeiter. In F. Auinger, W. R. Böhnisch & H. Stummer (Hrsg.), *Unternehmensführung durch Werte* (S. 65–88). Wiesbaden: Deutscher Universitäts-Verlag.

Bönisch, J. (2009). Handy aufgeladen - wegen „Stromklaus“ entlassen. *Süddeutsche Zeitung*. Zugriff am 22.10.2009. Verfügbar unter http://www.sueddeutsche.de/jobkarriere/511/482961/text/

Bigley, G. A. & Pierce, J. L. (1998). Straining for shared meaning in Organization Science: Problems of Trust and Distrust. *The Academy of Management Review, 23* (3), 405–421.

Bonhoeffer, D. (1992). Ethik. In I. Tödt (Hrsg.), *Ethik.* München: Kaiser.

Bunker, B. B., Alban, B. T. & Lewicki, R. J. (2004). Ideas in current OD Practice. Has the well gone dry? *Journal of Applied Behavioral Science,* 40, 403–422.

Burke, C. S., Sims, D. E., Lazzara, E. H. & Salas, E. (2007). Trust in leadership: a multi-level review and integration. *The Leadership Quarterly, 18,* 606–632.

Christen in der Wirtschaft. (2009). *Unsere Themen*. Zugriff am 22.1.2010. Verfügbar unter http://www.ciw.de/live/index.php?id=81

Comelli, G. & Rosenstiel, L. v. (2009). *Führung durch Motivation.* 4. Aufl. München: Vahlen.

Coughlan, J. G. (2004). *Religion unter dem Aspekt von Beziehung. Entwurf einer relationalen Religionstheorie.* Dissertation. Frankfurt am Main: Johann-Wolfgang-Goethe-Universität.

Crozier, M. & Friedberg, E. (1979). *Macht und Organisation. Zwänge kollektiven Handelns.* Königstein: Athenäum.

Deutsch, M. (1958). Trust and suspicion. *Journal of Conflict Resolution, 2,* 265–279.

DPA (2009). Nach Brötchen-Diebstahl: Arbeitgeber entschuldigt sich. *Frankfurter Allgemeine Zeitung,* Zugriff am 20.10.2009. Verfügbar unter http://www.faz.net/s/RubCD175863466D41BB9A6A93D460B81174/Doc~E97009C58123647479EB84CF7628E93EE~ATpl~Ecommon~Scontent.html

FAZ (2009). Kölner U-Bahn-Debakel erreicht Bilfinger- Berger. Zugriff am 22.2.2010. Verfügbar unter http://www.faz.net/s/RubD16E1F55D21144C4AE3F9DDF52B6E1D9/Doc~ E74F30459B680404BBA95A190553FF9AB~ATpl~Ecommon~ Scontent.html

Festinger, L. A. (1957). *A theory of Cognitive Dissonance.* Stanford: Stanford University Press.

Flick, U. (2005). *Qualitative Sozialforschung. Eine Einführung* (3. Aufl.). Reinbek: Rohwolt.

Kellerman, B. (2008). *Followership. How followers are creating change and changing leaders.* Boston: Harvard Business Press.

Kluckhohn, C. (1962). Values and value-orientation in the theory of action: An exploration in definition and classification. In T. Parson & E. Shils (Hrsg.), *Toward a general theory of action* (S. 388–433). Cambridge: Harvard University Press.

Katz, H. A. & Rotter, J. B. (1969). Interpersonal Trust Scores of College Students and Their Parents. *Child Development, 40* (2), (657–661).

Klett, C. & Pivernetz, M. (2004). *Controlling in kleinen und mittleren Unternehmen* (3., stark überarb. Aufl.). Herne: Verlag neue Wirtschafts-Briefe.

Kramer, R. M. (1999). Trust and distrust in organizations: Emerging Perspectives, Enduring Questions. *Annual Review of Psychology, 50,* S. 569–98.

Landesarbeitsgericht Lörrach (2009). *ArbG Lörrach Urteil vom 16.10.2009, 4 Ca 248/09. Außerordentliche Kündigung – Diebstahl von 6 Maultaschen.* Zugriff am 19.1.2010. Verfügbar unter http://lrbw.juris.de/cgi-bin/laender_rechtsprechung/document.py?Gericht=bw&GerichtAuswahl=Arbeitsgerichte&Art=en&Datum=2009&nr=12096&pos=9&anz=78

Leithäuser, T. & Volmerg, B. (1988). *Psychoanalyse in der Sozialforschung.* Opladen: Westdeutscher Verlag.

Luhmann, N. (1988). Familiarity, confidence, trust. Problems and alternatives. In D. Gambetta (Hrsg.), *Trust: Making and Breaking Cooperative Relations* (S. 94–108). Oxford: Basil Blackwell.

Luhmann, N. (2000). *Vertrauen. Ein Mechanismus zur Reduktion sozialer Komplexität* (4. Aufl.). Stuttgart: Lucius & Lucius.

Lührmann, T. (2005). *Führung, Interaktion und Identität. Die neuere Identitätstheorie als Beitrag zur Fundierung einer Interaktionstheorie der Führung.* Wiesbaden: Deutscher Universitäts-Verlag.

Luther, M. (1987). Der kleine Katechismus. In *Evangelisches Gesangbuch.* Berlin: Evangelische Verlagsanstalt.

Mayer, R. C., Davis, J. H. & Schoorman, F. D. (1995). An Integrative Model of Organizational Trust. *The Academy of Management Review. 20* (3), 709-734.

Meyerhuber, S. (2001). *Transparenz in Arbeitsorganisationen.* Wiesbaden: Westdeutscher Verlag.

Moltmann, J. (1966). *Theologie der Hoffnung. Untersuchungen zur Begründung und zu den Konsequenzen einer christlichen Eschatologie.* München: Chr. Kaiser.

Neuberger, O. (2002). *Führen und führen lassen.* 6. Aufl. Stuttgart: Lucius & Lucius.

Neubauer, W. & Rosemann, B. (2006). *Führung, Macht und Vertrauen in Organisationen.* Stuttgart: Kohlhammer.

Pawlas, A. (2000). *Die lutherische Berufs- und Wirtschaftsethik.* Neukirchen-Vlyn: Neukirchener.

Picca, M. d. & Spisak, M. (2008). Psychologische Grundlagen für Führungskräfte. In: T. Steiger & E. Lippmann (Hrsg.), *Handbuch Angewandte Psychologie für Führungskräfte* (3. Aufl., S. 65–112). Heidelberg: Springer.

PriceWaterhouseCoopers (2007). *Wirtschaftskriminalität 2007. Sicherheitslage der deutschen Wirtschaft.* Verfügbar am 19.1.10 unter: http://www.pwc.de/fileserver/RepositoryItem/studie_wikri_2007.pdf?itemId=3169192

Robinson, S. L. (1996) Trust and breach of the psychological contract. *Administrative Science Quarterly, 41* (4), 574–599.

Rousseau, D. M., Sitkin, S. B., Burt, R. S. & Camerer, C. (1998). Introduction to Special Topic Forum: Not so Different after All: A Cross-Discipline View of Trust. *The Academy of Management Review 23* (3), 393–404.

Rosenstiel, L. v. (1993). *Wertewandel. Herausforderungen für die Unternehmenspolitik in den 90er Jahren.* Stuttgart: Schäffer-Poeschel.

Sächsische Staatskanzlei (2009). *Sachsen. Die Fakten.* Dresden: Saxonia.

Schaaf, Julia (2009). Tragödie mit Pfandbons. *Frankfurter Allgemeine Zeitung.* Zugriff am 20.10.2009. Verfügbar unter http://www.faz.net/s/Rub501F42F1AA064C4CB17DF1C38AC00196/Doc~EE43D5C5A66954E3A9D77967B77FC5BC6~ATpl~Ecommon~Scontent.html

Schachner, M., Speckbacher, G. & Wentges, P. (2006). Steuerung mittelständischer Unternehmen: Größeneffekte und Einfluss der Eigentums- und Führungsstruktur. *Zeitschrift für Betriebs-wirtschaft 76* (6), 589–614.

Schirrmacher, T. (2007). Ethische Entscheidungen treffen. Woran orientieren wir uns? In Mühlheimer Verband: *Ethische Entscheidungen treffen. Leitlinien für Mitarbeiter* (S. 8–23). Bremen: Missionsverlag Mühlheimer Verband.

Schirrmacher, T. (2009a). *Ethik. Das Gesetz der Liebe. Gott, Glaube, Ethik.* Bd. 1. (4. Aufl.). Hamburg: Reformatorischer Verlag Beese.

Schirrmacher, T. (2009b). *Ethik. Das Gesetz der Liebe. Der Bund zwischen Gott und Mensch.* Bd. 2. (4. Aufl.). Hamburg: Reformatorischer Verlag Beese.

Schirrmacher, T. (2009c). *Ethik. Gottes Ordnungen.* Bd. 3. *Die Differenzierung von Gottes Willen.* (4. Aufl.). Hamburg: Reformatorischer Verlag Beese.

Schirrmacher, T. (2009d). *Ethik. Gottes Ordnungen.* Bd. 4. *Das AT im NT, Sexualethik.* (4. Aufl.). Hamburg: Reformatorischer Verlag Beese.

Schirrmacher, T. (2009e). *Ethik. Gottes Ordnungen.* Bd. 5. *Erziehung, Wirtschaft, Kirche.* (4. Aufl.). Hamburg: Reformatorischer Verlag Beese.

Schirrmacher, T. (2009f). *Ethik. Gottes Ordnungen. Staat und Recht.* Bd. 6. (4. Aufl.). Hamburg: Reformatorischer Verlag Beese.

Schleiermacher, F. (1960). *Der christliche Glaube.* Bd. 1. (7. Aufl.). Berlin: Walter de Gruyter.

Schuler, H. (2007). *Lehrbuch der Organisationspsychologie* (4. Aufl.). Bern: Huber.

Schweer, M. (1997). *Interpersonales Vertrauen: Theorien und empirische Befunde.* Opladen: Westdeutscher Verlag.

Sprenger, R. K. (2002). *Vertrauen führt. Worauf es im Unternehmen wirklich ankommt* (2. Aufl.). Frankfurt/New York: Campus.

Statistisches Bundesamt (2009). *Statistisches Jahrbuch 2009 für die Bundesrepublik Deutschland.* Wiesbaden: Statistisches Bundesamt.

Tetens, H. (2004). *Philosophisches Argumentieren.* München: Beck.

The Boston Constulting Group (2008). *Creating people adavantage. Bewältigung von HR-Herausforderungen weltweit bis 2015.* Zugriff am 3.9.2009. Verfügbar unter http://bcg.com/ impact_expertise/ publications/files/Creating_People_Advantage_Summary_ May_2008.pdf

Tillich, P. (1955). *Systematische Theologie.* Bd. 1. Stuttgart: Evangelisches Verlagswerk.

Volmerg, B., Senghaas-Knobloch, E., & Leithäuser, T. (1986). *Betriebliche Lebenswelt. Eine Sozialpsychologie industrieller Arbeitsverhältnisse.* Opladen: Westdeutscher Verlag.

Volmerg, B. (1995). Macht, Amt und Geschlecht. Geschlechterdynamik und Organisationsdynamik. In B. Volmerg, T. Leithäuser, O. Neuberger, G. Ortmann & G. Sievers: *Nach allen Regeln der Kunst. Macht und Geschlecht in Organisationen.* Freiburg: Kore.

Weber, M. (2009). *Die Protestantische Ethik und der Geist des Kapitalismus* (Sonderausgabe für Jokers). Köln: Anaconda. (Originalarbeit erschien 1905.)

Witzel, A. (1989). Das problemzentrierte Interview. In G. Jüttemann (Hrsg.), *Qualitative Forschung in der Psychologie* (S. 227–255). Heidelberg: Asanger.

Wilson, T. P. (1973). Theorien der Interaktion und Modelle soziologischer Erklärung. In Arbeitsgruppe Bielefelder Soziologen (Hrsg.), *Symbolischer Interaktionismus und Ethnomethodologie* (Serie Alltagswissen, Interaktion und gesellschaftliche Wirklichkeit. Bd. 1, S. 54–79). Reinbek bei Hamburg: Rowohlt.

9 Anhang

Interviewleitfaden

Forschungsfrage:

Welche Rolle spielt christlicher Glaube auf der Mitarbeiterseite für eigenes Vertrauen? Wird er als relevant für eigenes Vertrauen erlebt?

In welcher Weise ist christlicher Glaube Mitarbeitern möglicherweise förderlich oder hemmend für eigenes Vertrauen?

Kernfrage:

Wem vertrauen Sie? Welche Rolle spielt dabei eine unterschiedliche oder gemeinsame Weltanschauung?

Mit welchen Vorstellungen sind Sie in die Führung eingestiegen, und wie sehen Sie das jetzt?

A) Allgemeine Informationen zum Unternehmen und zur Führungskraft

1.) Wie würden Sie die Branche Ihres Betriebes bezeichnen?

2.) Wie viele Mitarbeiter hat Ihr Unternehmen?

3.) Welche Position bekleiden Sie in dem Betrieb?

4.) Seit wann leiten Sie diesen Betrieb?

5.) Wie viel Führungserfahrung in Betrieben haben Sie bisher insgesamt?

6.) Wer ist Eigentümer des Betriebes? (Befindet sich der Betrieb in Ihrem Eigentum?)

B) Fragen zur Beziehung von Vertrauen, Führung und Weltanschauung

Überlegen Sie einmal kurz: Wem von Ihren Mitarbeitern vertrauen Sie am stärksten? Stellen Sie sich die Person kurz vor. Was schätzen Sie an dieser Person ganz besonders?

-> Kriterien Vertrauenswürdigkeit

Antecedents

Fähigkeit, stabile Werte, wohlgesonnen

- Woran erkennen Sie, ob jemand fähig ist, Verantwortung zu übernehmen?
- Woran erkennen Sie, ob jemand Ihnen wohlgesonnen ist?
- Wie finden Sie heraus, welche Werte jemand hat?

Outcomes

- Was wäre für Sie ein großer Vertrauensbeweis an Ihre Mitarbeiter?

Führung, Vertrauen und Glaube

- Vertrauen heißt, einer Person gegenüber verletzbar zu sein und damit zu rechnen, dass diese Person das nicht ausnutzt. Spielt gemeinsamer Glaube für Vertrauen zu Ihren Mitarbeitern für Sie dabei eine Rolle?
- Wie unterscheidet sich Ihr Führungsverhalten von christlichen und nichtchristlichen Mitarbeitern? Hat sich das durch Erfahrungen verändert?
- Haben Sie als Führungskraft größere Vertrauensbrüche erlebt? Was haben Sie daraus gelernt?
- Was waren für Sie die größten Herausforderungen, gleichzeitig Christ und Führungskraft zu sein?

C) Weltanschauung der Führungskraft

- Wie würden Sie Ihre persönliche Weltanschauung bezeichnen?
- Wie viel Zeit pro Woche verbringen Sie mit konkret glaubensbezogenen Tätigkeiten?
- Besuchen Sie regelmäßig eine Gemeinde? Welche?

D) Statistik

- Bekleiden Sie Ämter oder regelmäßige Aufgaben in ihrer Gemeinde?
- Wie viele Ihrer Mitarbeiter sind Christen?
- Welche Weltanschauungen sind unter Ihren Mitarbeitern darüber hinaus noch vertreten?

Zeitfracht Medien GmbH
Ferdinand-Jühlke-Straße 7
99095 Erfurt, Deutschland
produktsicherheit@kolibri360.de